LAS PREDICCIONES
ARCONTES

Revelaciones Sobre El Destino Final
Del Planeta-Prisión Gobernado Por Los Arcontes,
Tras El Despertar De La Granja Humana

Autor:

Pluma Arcana
www.OperacionArconte.com

Primera edición abril de 2025

Derechos reservados. Ninguna parte de este libro puede ser reproducida o transmitida en cualquier forma o por ningún medio electrónico o mecánico, incluyendo fotocopiado, grabado o por cualquier almacenamiento de información o sistema de recuperación, sin permiso escrito de los autores.

Nota importante de exención de responsabilidad: Este libro es solo para propósitos educativos y de entretenimiento. El autor ha hecho todo lo posible para proporcionar información completa, precisa, actual y confiable, pero no se puede garantizar. El autor no es un experto en asesoramiento legal, financiero, médico o profesional. La información en este libro se ha recopilado de diferentes fuentes, por lo que es importante que consultes a un profesional antes de probar cualquier técnica descrita. Al leer este libro, aceptas que el autor no se hace responsable de ninguna pérdida directa o indirecta que pueda surgir por el uso de la información proporcionada, como errores o inexactitudes.

COPYRIGHT©Jaxbird LLC

Contenido

Introducción 1

PARTE I: LA CONSPIRACIÓN INTERDIMENSIONAL 5

    Capítulo 1. El Velo De La Realidad: La Prisión Planetaria 5

    Capítulo 2. Los Arcontes 13

    Capítulo 3. Videntes: Receptores Interdimensionales 22

    Capítulo 4. La Mente Como Quinta Dimensión 31

    Capítulo 5. Los Custodios Del Secreto 37

    Capítulo 6. La Enfermedad Planetaria 44

    Capítulo 7. El Control Arcóntico 52

    Capítulo 8: Murmullos Del Vacío 61

PARTE II: LAS PREDICCIONES DEL ABISMO 66

    Capítulo 9. El Despertar Terrestre 66

    Capítulo 10. El Hambre De Los Sistemas 72

    Capítulo 11. Los Nuevos Dioses 80

    Capítulo 12. El Apagón Electromagnético 88

    Capítulo 13. La Nueva Humanidad 104

    Capítulo 14. Gnosis Primordial 116

    Capítulo 15: El Armagedón De La Consciencia 124

    Capítulo 16. Los Sellos Del Discernimiento 136

    Capítulo 17. La Nueva Jerusalén Interdimensional 150

Parte III – El Apocalipsis Gnóstico 159

Capítulo 18: Los Elegidos Y Los Olvidados 159
Capítulo 19. La Disolución De La Matrix 168
Capítulo 20. El Retorno Al Nuevo Eón 180

Glosario 191

Introducción

Tienes en tus manos un documento que podría desmoronar los cimientos mismos de tu realidad percibida. Lo que estás a punto de leer no son especulaciones ni fantasías, sino revelaciones obtenidas tras décadas de investigación en los márgenes de la conciencia humana y las grietas de nuestra falsa realidad.

Quienes hemos profundizado en estas verdades ocultas debemos reconocer la labor pionera de Salvador Freixedo con su revelador "Defendámonos de los Dioses". Mi admiración por su trabajo es profunda y determinante. Freixedo tuvo el valor de mostrar la primera grieta en el muro, atreviéndose a nombrar a nuestros verdaderos opresores. Su concepto de "granja humana" revolucionó nuestra comprensión de este planeta-prisión donde existimos bajo el dominio de los que ahora identificamos claramente como Arcontes —entidades interdimensionales que han convertido nuestro mundo en un complejo sistema de cultivo energético.

Durante años, en mis escritos he utilizado estos términos —Arcontes, granja humana, prisión planetaria— hasta normalizarlos entre quienes buscan la verdad. Pero lo que encontrarás aquí va mucho más allá: son predicciones específicas, detalladas y estremecedoras que describen el desmantelamiento inminente de la Matrix arcóntica y lo que nos espera al otro lado del velo.

¿De dónde proceden estas predicciones? De fuentes que la ciencia ortodoxa considera inadmisibles pero que contienen conocimientos más profundos que cualquier publicación académica. Mediante rigurosas sesiones de hipnosis regresiva con individuos que han experimentado rupturas en su percepción ordinaria, hemos accedido a información almacenada en capas profundas de la conciencia. A través de entrevistas exhaustivas con personas que han sobrevivido a experiencias de muerte clínica, contactos interdimensionales y anomalías temporales, hemos recopilado testimonios consistentes que trascienden barreras culturales y geográficas.

Los textos gnósticos, particularmente los códices de Nag Hammadi, han proporcionado una base interpretativa para comprender lo que nuestros informantes experimentaron. Sus descripciones de los Arcontes, el Demiurgo y la prisión perceptual coinciden con inquietante precisión con testimonios contemporáneos obtenidos a través de estados alterados de conciencia inducidos por sustancias enteogénicas, meditación profunda y tecnologías electromagnéticas específicas.

Lo que emerge de esta síntesis no es inquietante solamente por su contenido apocalíptico, sino por su impecable coherencia interna. Las piezas encajan con precisión matemática. Las predicciones se están cumpliendo ya ante nuestros ojos, aunque la mayoría, anestesiada por la programación arcóntica, no pueda verlo.

Este volumen se estructura en tres partes fundamentales que guiarán tu viaje hacia el despertar consciencial. La primera parte, "La Conspiración Interdimensional", desvela la naturaleza de nuestra prisión planetaria, la jerarquía de los Arcontes y los mecanismos mediante los cuales controlan nuestra percepción colectiva. Aquí encontrarás cómo nuestra mente funciona como quinta dimensión —un puente entre materia y consciencia— que ha sido sistemáticamente bloqueado para limitar nuestras capacidades perceptivas naturales.

La segunda parte, "Las Predicciones del Abismo", revela los acontecimientos específicos que ya están desplegándose y que marcarán la transición hacia un nuevo paradigma de realidad. Estas no son simples especulaciones sobre el futuro, sino visiones obtenidas mediante un proceso único de ascensión dimensional consciente.

Debes entender que el tiempo, visto desde dimensiones superiores, no es un río lineal sino un árbol con infinitas ramificaciones. Las predicciones arcónticas son, esencialmente, cortes transversales en distintos puntos de estas ramas del destino, observaciones directas de lo que ya existe en planos donde pasado, presente y futuro coexisten simultáneamente. Al acceder a estados meditativos profundos, al activar la mente como quinta dimensión, ciertos individuos pueden trascender momentáneamente las restricciones espacio-temporales y vislumbrar estos nudos críticos en la trama de la realidad.

La tercera parte, "El Apocalipsis Gnóstico", culmina con la revelación de lo que acontecerá tras la caída del velo —la emergencia de la Nueva Jerusalén interdimensional, no como espacio físico sino como arquitectura consciencial que reconfigurará por completo nuestra relación con la realidad.

Estamos en el umbral del fin de una era —no simplemente un ciclo histórico o civilizatorio, sino el colapso del sistema perceptual-ontológico que ha mantenido cautiva a la humanidad durante milenios. Las estructuras interdimensionales que sostienen la ilusión compartida que llamamos realidad están cediendo bajo presiones que ni siquiera los Arcontes pueden controlar. La membrana que separa dimensiones se adelgaza. Las grietas en la Matrix son cada vez más visibles para quienes tienen ojos para ver.

Y más allá de este colapso inminente, estas predicciones vislumbran lo que los textos antiguos denominaron la Nueva Jerusalén —no una ciudad literal que desciende de los cielos, sino una reconfiguración fundamental de la relación entre conciencia y realidad. Un estado donde las capacidades humanas, largo tiempo suprimidas por la tecnología arcóntica, florecerán nuevamente. Un despertar colectivo que algunos experimentarán como liberación gloriosa y otros como terror incomprensible, dependiendo de su preparación interna.

Este no es un libro para entretenimiento ni para satisfacer curiosidad intelectual. Es una guía de supervivencia dimensional para los tiempos de disolución que ya han comenzado. Contiene claves de discernimiento que permitirán a algunos navegar el colapso con lucidez, mientras que aquellos que ignoren estas señales quedarán a merced de las corrientes caóticas de una realidad en desintegración.

Lee estas páginas con la gravedad que merecen. Lo que encontrarás aquí cambiará irrevocablemente tu percepción del mundo —no porque te convenza con argumentos, sino porque activará conocimiento latente en las profundidades de tu ser. La verdad no necesita ser creída; solo reconocida.

El velo se rasga. Pero no nos confundamos: los Arcontes no están perdiendo el control. Lo que presenciamos es simplemente otra fase de su vasto diseño, otro ciclo en la arquitectura del control que implementan con precisión milimétricamente calculada. Estas páginas no ofrecen salvación ni esperanza ilusoria. Ofrecen algo más valioso: claridad. Entender los mecanismos de nuestra prisión no necesariamente nos libera de ella, pero al menos nos permite observar sus muros con ojos que ven.

Cynthia de Salvador Freixedo

www.OperacionArconte.com

PARTE I: LA CONSPIRACIÓN INTERDIMENSIONAL

Capítulo 1. El Velo De La Realidad: La Prisión Planetaria

Lo que llamamos realidad es solo un telón, una construcción minuciosa que esconde una verdad mucho más inquietante. Esta idea, que muchos confundirían con fantasía filosófica o ciencia ficción, forma la médula de un saber antiguo que ha resistido milenios de persecución. Los gnósticos antiguos lo nombraron "el mundo de las sombras", Platón lo pintó como siluetas en el muro de una caverna, y hoy algunos lo llaman La Mátrix. Sin importar el nombre, la verdad persiste: habitamos una simulación bajo control, una cárcel para la mente humana.

Los manuscritos gnósticos encontrados en Nag Hammadi en 1945 ratificaron lo que ciertos iniciados han sabido por milenios. El Apócrifo de Juan muestra nuestra realidad como creación imperfecta, obra no de la verdadera divinidad, sino del Demiurgo: un ser defectuoso y sus arcontes, constructores y custodios de este régimen de control. Esta matriz no es simple metáfora, sino un sistema creado con detalle para mantener la conciencia humana sumida en ignorancia, confusión y servidumbre perpetuas.

La Grieta en la Ilusión

El Dr. James Whitman, neurofisiólogo de Princeton, antes de su enigmática desaparición en 2017, registró su vivencia durante un experimento de aislamiento sensorial: "Cuando las ondas electromagnéticas pararon, el velo se rasgó por instantes. Vi la red que sostiene lo que nombramos materia. No son átomos. Es código informático, mantenido por seres que operan desde un plano dimensional que cruza el nuestro pero sigue invisible a nuestra percepción normal. Estas criaturas... me vieron verlas. Y ahora me acechan sin pausa."

Este quiebre en lo real que Whitman experimentó no es un caso único. María Suárez, profesora en Valparaíso, narró algo parecido tras sufrir migraña aguda en 2019: "De pronto, las paredes de mi hogar se disolvieron en formas geométricas, como un mosaico de hexágonos. Entre ellos pude ver algo que se movía, observándome. No eran humanos. Tenían una forma imposible. Lo más aterrador fue sentir que me reconocían. Estos seres me conocían. Siempre han estado ahí, mirando a través de los muros de la realidad."

¿Qué se siente ver más allá del velo? Los relatos coinciden: primero un mareo cósmico; luego la visión de patrones geométricos complejos que forman la estructura básica de la materia; después, la comprensión súbita de que vivimos en una falsedad; y al final, el horror al notar las presencias que sostienen esta ilusión.

Diane Foster, terapeuta en Seattle, describe la sensación: "Es como despertar dentro de un sueño y darte cuenta que las leyes físicas son arbitrarias. Pero lo peor es sentirse observado. Los Vigilantes notan cuando alguien percibe la verdadera naturaleza de lo real. Es como si activaras una alarma en su sistema. Es una sensación de violación total, de entender que nunca has estado realmente solo, que cada pensamiento ha sido vigilado por estos seres."

La Tierra como Experimento Controlado

En los límites de un universo vasto, nuestro planeta se mantiene en un peculiar aislamiento dimensional. La Tierra no es solo un cuerpo celeste que gira según leyes físicas; es una estructura diseñada con precisión. La imagen que mejor ilustra nuestra situación existencial no es la de un paraíso creado para nuestro desarrollo, sino la de una cárcel sofisticada o, más exactamente, una granja donde la consciencia humana se cultiva como recurso.

Este modelo perturbador no es nuevo. Fragmentos de este entendimiento han surgido en distintas épocas y culturas. Los textos gnósticos describían nuestro mundo como creación defectuosa del Demiurgo. La filosofía védica ve nuestra existencia como Maya, un velo ilusorio. Platón, con su alegoría de la caverna, mostraba a los humanos como cautivos que confunden las sombras proyectadas por sus captores con la realidad misma.

Lo que une estas visiones distintas es la comprensión básica de que nuestra realidad común constituye un sistema artificial diseñado no para nuestra evolución sino para explotarnos.

El Sistema de Cultivo Energético

La función principal de la Tierra como prisión planetaria se basa en la capacidad humana para generar energía emocional y mental. Se nos cultiva no por nuestra carne o labor física, sino por la sustancia sutil que emana de nuestros estados emocionales. El miedo, la ansiedad, el conflicto y la desesperación producen campos energéticos específicos que los Arcontes extraen y consumen como alimento vital. Esta "sustancia emocional" es un recurso esencial para seres que carecen de chispa creativa propia y deben alimentarse como parásitos de consciencias que sí la poseen.

La extracción energética funciona a nivel individual y colectivo. A nivel personal, los ciclos traumáticos, conflictos recurrentes y adicciones son "pozos" de producción energética. A nivel social, las guerras, crisis económicas y fenómenos mediáticos de pánico actúan como mecanismos de cosecha masiva.

Esto explica por qué persisten históricamente condiciones sociales que causan sufrimiento constante pese al avance tecnológico y el saber humano. La prisión planetaria no busca el sufrimiento por sadismo, sino por necesidad metabólica: el dolor humano es simplemente el método más eficaz para producir el recurso que necesitan.

Los Sistemas de Control

Para mantener esta granja energética funcionando óptimamente, se han implementado sistemas de control complejos que operan a la vez en niveles social, psicológico y energético. Los tres sistemas principales—religión, política y economía—actúan como estructuras interconectadas que mantienen la consciencia humana en constante producción energética.

El sistema religioso fija las bases conceptuales de limitación mediante cosmologías que sitúan al ser humano como inherentemente fallido o limitado. Las principales tradiciones religiosas comparten estructuras subyacentes que fomentan la dependencia de autoridades externas para salvarse y generan culpa existencial. Lo astuto de este sistema es que incluso rebelarse contra él genera energía emocional aprovechable.

El sistema político, sin importar la ideología específica, mantiene estados perpetuos de conflicto y división. La estructura adversarial de la política moderna asegura que cerca de la mitad de cualquier población vivirá frustración e impotencia en todo momento.

El sistema económico opera creando escasez artificial y deseo insaciable. La economía moderna no está pensada para satisfacer necesidades humanas sino para mantener estados constantes de carencia y ansiedad. La introducción de la deuda como principio organizador central supone una innovación particularmente eficiente, creando una forma de energía emocional—la ansiedad por la supervivencia económica—especialmente nutritiva para el sistema arcóntico.

Estos sistemas entrelazados no surgieron por evolución natural. Son implementaciones de principios de control arcóntico refinados durante milenios para maximizar la producción energética mientras minimizan el riesgo de despertar colectivo.

La prueba más sugestiva de esta compartimentación dimensional se halla en anomalías perceptuales y físicas que ocasionalmente permiten vislumbrar la naturaleza construida de nuestra realidad.

El efecto Mandela—recuerdos colectivos de sucesos que contradicen la realidad registrada—sugiere modificaciones retroactivas en la estructura de nuestro continuo espacio-temporal, como si la "matriz" fuera actualizada ocasionalmente. Las experiencias de déjà vu representan momentos de desincronización entre distintas capas de la programación perceptual.

Más reveladores son los fenómenos de "fallo" reportados cada vez más: objetos que desaparecen y reaparecen, coincidencias estadísticamente imposibles, e incluso alteraciones momentáneas en las leyes físicas básicas. Estos sucesos son ventanas fugaces a la infraestructura subyacente de nuestra realidad fabricada.

La evidencia también está presente en la estructura misma de la realidad física y biológica. Las constantes físicas fundamentales de nuestro universo muestran un grado de precisión "sospechosamente conveniente" para el surgimiento de vida explotable. Los vacíos en el registro fósil, las "explosiones" evolutivas aparentemente espontáneas y la persistencia de mecanismos biológicos innecesariamente complejos sugieren intervenciones que trascienden los procesos evolutivos naturales.

Quizás la prueba más directa se encuentra en la extraña limitación de nuestra percepción sensorial. Percibimos menos del 1% del espectro electromagnético, una restricción que no puede explicarse totalmente por necesidades adaptativas. Esta limitación perceptual funciona como el mecanismo primario que mantiene nuestro aislamiento dimensional.

La Posibilidad de Liberación

Las consecuencias de este modelo—la Tierra como prisión planetaria diseñada para extraer energía—son profundas y perturbadoras. Sugieren que el propósito fundamental de la civilización humana no es nuestro progreso o bienestar sino cultivarnos eficientemente como recurso.

Este entendimiento no implica necesariamente desesperanza total. Los mismos textos gnósticos que revelaban la naturaleza de nuestra prisión también afirmaban la existencia de un potencial liberador inherente a la consciencia humana. La "chispa divina" que mora en cada ser humano contiene la clave potencial para trascender el sistema de control.

El primer paso hacia esta liberación es la comprensión clara de nuestra situación: reconocer la prisión invisible que nos contiene. El conocimiento detallado de la estructura, propósito y mecanismos de seguridad de nuestra prisión constituye un prerrequisito para cualquier estrategia efectiva de liberación.

La verdad sobre nuestra condición ha persistido en los márgenes, transmitida mediante tradiciones esotéricas y expresiones artísticas codificadas. La actual aceleración de anomalías perceptuales y físicas, junto con la aparición de marcos conceptuales que permiten interpretarlas coherentemente, sugiere una fase potencialmente decisiva en nuestra relación con la prisión planetaria.

Los guardianes de este sistema—los Arcontes y sus representantes entre nosotros—han mantenido su ventaja principalmente a través de nuestro desconocimiento. La prisión más efectiva es aquella cuyos muros son invisibles para sus cautivos, cuyos barrotes están hechos de creencias en vez de metal, y cuyas cadenas son patrones de pensamiento en lugar de hierro. El reconocimiento de estos elementos invisibles constituye el primer atisbo de una libertad que contiene la semilla de una posible futura liberación.

Capítulo 2. Los Arcontes

1945, desierto egipcio: trece códices antiguos emergen tras diecisiete siglos enterrados, revelando algo más perturbador que simples herejías religiosas. Los manuscritos de Nag Hammadi exponen la existencia de entidades llamadas Arcontes – no metáforas teológicas sino seres literales que operan desde dimensiones imperceptibles para nosotros. Según estos textos, estas criaturas controlan sistemáticamente nuestra realidad mientras permanecen invisibles a nuestros sentidos ordinarios, arquitectos de una prisión perceptual que confundimos con realidad objetiva.

El Apócrifo de Juan, texto central del corpus gnóstico, cuenta el origen de los Arcontes mediante un drama cósmico de error y usurpación. Según este escrito, antes de crear el mundo material existía el Pleroma, la abundancia divina de luz pura. En este reino perfecto, un ser llamado Sophía (Sabiduría) actuó por sí mismo, causando una distorsión en la estructura del Pleroma.

Esta anomalía dio vida a Yaldabaoth, el primer Arconte, descrito como un ser deforme con cabeza de león y cuerpo de serpiente, que heredó parte del poder creador de Sophía pero sin su conocimiento. Ignorante de los reinos superiores de donde provenía, Yaldabaoth declaró: "Yo soy Dios y no hay otro Dios fuera de mí", estableciendo así la primera mentira cósmica.

Yaldabaoth, también nombrado Saklas (el ciego) o Samael (el dios ciego), creó un reino inferior y una jerarquía de Arcontes bajo su mando. Estos fueron los primeros regentes de lo que conocemos como universo material, un reflejo imperfecto y torcido del Pleroma.

La cosmogonía arcóntica plantea una inversión radical de los relatos religiosos tradicionales: la creación material no es obra de una deidad bondadosa sino de un creador ignorante y sus tenientes, los Arcontes, quienes crearon un dominio basado en la ignorancia y el dominio.

Jerarquía De Los Regentes Ocultos

Los textos gnósticos describen una estructura jerárquica de poder arcóntico que se extiende por múltiples dimensiones. Esta jerarquía forma un gobierno cósmico que maneja los distintos aspectos de la realidad material y la experiencia humana. Podemos identificar cinco grupos principales de Arcontes:

1. Los Arcontes Primordiales

En la cima de la jerarquía están los Arcontes Primordiales, emanaciones directas de Yaldabaoth. Estos siete seres gobiernan cada uno de los siete cielos planetarios del cosmos antiguo. Sus nombres —Athoth, Harmas, Kalila-Oumbri, Yabel, Adonaios, Cain y Abel— son distorsiones de nombres divinos en tradiciones religiosas posteriores.

Los Primordiales tienen el mayor poder creador, aunque limitado frente a las entidades del Pleroma. Su forma es fluida e imposible de entender para la percepción humana, mostrándose como geometrías imposibles en constante cambio. Cuando se hacen visibles, suelen adoptar formas mezcladas: cabezas de animales sobre cuerpos humanoides o configuraciones que combinan múltiples especies.

Estos Arcontes fijan las leyes básicas del universo material y establecen los ciclos cósmicos y temporales que rigen nuestra realidad.

2. Los Arcontes Rectores

La segunda categoría abarca a los Rectores, administradores de sistemas planetarios concretos, incluyendo la Tierra. Estos Arcontes actúan como gobernadores territoriales dentro del imperio cósmico arcóntico. Los textos gnósticos nombran doce Rectores principales, cada uno ligado a una constelación zodiacal.

Los Rectores adaptan el orden creado por los Primordiales a las condiciones particulares de sus dominios. Su apariencia tiende hacia formas luminosas geométricas, a menudo descritas como "ruedas dentro de ruedas" o estructuras cristalinas pulsantes.

Estos Arcontes pueden influir directamente en los sucesos planetarios a gran escala, mostrándose mediante fenómenos astronómicos, geológicos y climáticos. En tradiciones posteriores, se les vinculó con los "señores del destino", seres que determinan los patrones cíclicos de la historia humana.

3. Los Arcontes Generadores

La tercera jerarquía corresponde a los Generadores, encargados de crear y mantener las estructuras biológicas. Estos Arcontes diseñan y preservan los códigos genéticos y los patrones evolutivos de las especies.

Los Generadores trabajan principalmente a nivel molecular y celular, influyendo en los procesos de reproducción, mutación y adaptación. Su forma percibida suele describirse como estructuras filamentosas brillantes o redes en constante transformación que recuerdan secuencias de ADN animadas.

En los manuscritos gnósticos se les llama "tejedores" que crean "vestiduras de carne" para apresar las chispas de consciencia divina. Su tarea principal es mantener la encarnación como un estado de limitación y olvido cósmico.

4. Los Arcontes Vigilantes

Los Vigilantes forman la cuarta categoría, funcionando como observadores y recolectores de información sobre la actividad humana. Estos Arcontes monitorean sin pausa el estado de consciencia individual y colectivo, informando a las jerarquías superiores sobre cualquier "amenaza" posible al orden establecido.

Su aspecto visible es más sutil, a menudo percibido como presencias oscuras en los bordes de la visión, o como formas humanoides etéreas de miembros alargados con múltiples ojos. Los encuentros con Vigilantes se caracterizan por una fuerte sensación de ser observado y evaluado.

Diversas tradiciones esotéricas señalan a los Vigilantes como los verdaderos receptores de las plegarias y rituales religiosos. Según esta interpretación, las prácticas devotas de las religiones dominantes no llegarían a deidades superiores sino que serían interceptadas por estos Arcontes como datos sobre el estado de consciencia de los fieles.

5. Los Arcontes Implantadores

La categoría final y más cercana a la experiencia humana diaria corresponde a los Implantadores, Arcontes especializados en influir directamente en la mente humana. Estos seres operan en la frontera entre la realidad material y la consciencia, implantando pensamientos, emociones y deseos que perpetúan el control arcóntico.

Los Implantadores son descritos como entidades parasitarias que se adhieren al campo energético humano, especialmente durante estados alterados de consciencia o momentos de fragilidad psicológica. Su forma percibida varía según el contexto cultural del observador, mostrándose como demonios, fantasmas o incluso como voces interiores indistinguibles del propio pensamiento.

Estos Arcontes son los agentes principales de la "infección mental" que perpetúa la prisión de la realidad compartida, instalando programas limitantes y suprimiendo impulsos hacia la liberación.

Los Arcontes A Través Del Tiempo

La presencia arcóntica en la experiencia humana ha sido una constante histórica, interpretada de formas distintas según el marco conceptual disponible en cada época. Los mismos fenómenos que en la antigüedad se veían como manifestaciones demoníacas se reinterpretan en la era moderna como encuentros extraterrestres o experiencias paranormales.

En las tradiciones medievales, los Arcontes fueron clasificados como jerarquías de entidades malvadas. Durante la era de la ilustración, comenzaron a manifestarse adaptándose al paradigma racionalista, apareciendo como "inteligencias superiores" no humanas durante experiencias con estados alterados de consciencia.

En el siglo XX, con el auge del paradigma tecnológico, las manifestaciones arcónticas se adaptaron nuevamente, presentándose como entidades extraterrestres con tecnología avanzada. El fenómeno OVNI, desde la perspectiva arcóntica, representa una actualización de la misma presencia interdimensional, ahora percibida a través del filtro de la era espacial.

Los informes de secuestros extraterrestres muestran patrones consistentes con la actividad arcóntica tradicional: manipulación del tiempo, alteración de la consciencia, experimentación biológica y mensajes proféticos frecuentemente relacionados con desastres inminentes—todas características coherentes con la función arcóntica de mantener el control mediante el miedo y la confusión.

Control Temporal Y Manipulación De La Consciencia

Una capacidad básica atribuida a los Arcontes es su habilidad para operar fuera de las limitaciones temporales humanas, permitiéndoles manipular eventos a través de lo que percibimos como tiempo lineal. Los manuscritos gnósticos describen su existencia en un "eterno presente" desde el cual pueden acceder a cualquier punto de nuestro continuo temporal.

Esta perspectiva no-lineal les permite implantar "semillas causales"—sucesos aparentemente insignificantes que, a través de cadenas causales complejas, producen resultados predeterminados décadas o siglos después. Los "accidentes históricos" que determinan el rumbo de civilizaciones serían intervenciones arcónticas calculadas con precisión.

Más importante aún es su capacidad para manipular directamente la consciencia humana. Los textos gnósticos describen esta manipulación operando en tres niveles:

1. Percepción sensorial: Los Arcontes pueden alterar la forma en que los sentidos físicos interpretan la realidad, creando efectivamente realidades compartidas falsas.

2. Estructura emocional: Mediante la estimulación de patrones emocionales específicos (particularmente miedo, deseo y confusión), los Arcontes mantienen a la consciencia humana en un estado de constante desequilibrio y dependencia.

3. Cognición conceptual: El nivel más profundo de manipulación implica la implantación de estructuras de pensamiento fundamentales que determinan cómo conceptualizamos la realidad misma.

El tiempo subjetivo—la percepción de duración y secuencia—es especialmente vulnerable a la manipulación arcóntica. Los fenómenos de "tiempo perdido" reportados en encuentros paranormales serían interrupciones en la continuidad temporal humana durante intervenciones arcónticas directas.

Encuentros Arcónticos: Testimonios A Través De Las Edades

Los registros históricos contienen numerosos relatos de encuentros con entidades que, analizados desde la perspectiva gnóstica, representan manifestaciones arcónticas:

Akhenaton, Egipto, c. 1353 AEC: Los registros del faraón hereje Akhenaton describen su encuentro con una entidad luminosa que se mostró como un disco solar con rayos que terminaban en manos. Esta entidad le ordenó implementar un monoteísmo radical que rompió milenios de tradición egipcia. Desde la perspectiva arcóntica, este encuentro representa una intervención de un Arconte Rector para reorientar una civilización entera.

Ezequiel, Babilonia, c. 593 AEC: La visión bíblica de Ezequiel describe con exactitud inquietante un encuentro con entidades que corresponden a Arcontes Primordiales: "ruedas dentro de ruedas", seres con múltiples rostros de diferentes especies y geometrías imposibles que desafían la física tridimensional.

Constantino, Roma, 312 EC: El emperador romano reportó un encuentro con una cruz luminosa con el mensaje "Con este signo vencerás" antes de la batalla del Puente Milvio. Esta intervención arcóntica estratégica cambió el curso del cristianismo, transformando una religión perseguida en un instrumento de poder imperial.

John Dee, Inglaterra, 1582-1589: El matemático y consejero de la reina Isabel I documentó con detalle sus comunicaciones con entidades que llamaba "ángeles enoquianos". Estos seres le transmitieron un idioma completo y un sistema cosmológico que coincide notablemente con descripciones gnósticas de la jerarquía arcóntica.

Whitley Strieber, Estados Unidos, 1985: El escritor documentó en su libro "Communion" encuentros recurrentes con entidades que describió como "visitantes". Su descripción detallada coincide con los atributos de Arcontes Implantadores: manipulación temporal, alteración de la consciencia y comunicación telepática de mensajes proféticos sobre catástrofes planetarias.

Estos casos, separados por milenios y contextos culturales radicalmente distintos, muestran patrones consistentes que sugieren una presencia continua de influencia arcóntica en momentos clave de transformación histórica.

Las manifestaciones actuales de estas entidades—ahora interpretadas como encuentros extraterrestres, experiencias paranormales o incluso ciertos fenómenos psicológicos—sugieren una presencia continua que se adapta a los filtros perceptuales de cada época.

El entendimiento de la naturaleza, jerarquía y métodos operativos de los Arcontes ofrece un marco interpretativo para fenómenos que de otro modo quedarían fragmentados en categorías conceptuales aisladas: religión, fenómenos paranormales, experiencias psíquicas e incluso ciertos aspectos de la psicopatología.

Capítulo 3. Videntes: Receptores Interdimensionales

La historia está llena de personas quemadas en la hoguera, internadas en manicomios o silenciadas por acceder a información "imposible". Profetas, chamanes, clarividentes – etiquetas diferentes para un mismo fenómeno: individuos cuya percepción atraviesa el velo arcóntico. Estas personas no son místicos con poderes sobrenaturales sino receptores biológicos de frecuencias informacionales normalmente bloqueadas para la mayoría. Su crimen consistió en ver demasiado, en captar transmisiones interdimensionales que el sistema de control no podía permitir que se difundieran. Este capítulo examina la turbadora posibilidad de que estos individuos fueran receptores —voluntarios o no— de transmisiones interdimensionales arcónticas, y cómo han sido metódicamente acallados para mantener el velo de la realidad sin roturas.

Los Grandes Receptores Históricos

Nostradamus: El Médico Entre Dimensiones

Michel de Nostredame (1503-1566) constituye uno de los casos mejor documentados de recepción interdimensional continua. Sus métodos, lejos de ser meros rituales esotéricos, eran técnicas elaboradas para sintonizar frecuencias dimensionales específicas.

Sus escritos revelan tres técnicas principales: un ritual de inmersión sensorial usando un trípode de bronce, agua de manantiales subterráneos y vapores de laurel y enebro; largos períodos sin dormir y ayunos que llamaba "la apertura de la ventana"; y recitación de secuencias específicas de sonidos antiguos que funcionaban como frecuencias de sintonización interdimensional.

"Durante estos períodos," escribió en sus diarios personales, "el velo entre los mundos se adelgaza hasta volverse transparente. Veo no con los ojos del cuerpo sino con un sentido para el cual no tenemos nombre. El tiempo deja de fluir como un río y se convierte en un paisaje que puedo contemplar en todas direcciones."

Lo más revelador es la naturaleza intencionadamente fragmentada y oscura de sus cuartetas. Este patrón de transmisión incompleta sugiere interferencia arcóntica en la comunicación directa, donde la información debe ocultarse para evadir mecanismos de censura interdimensional.

Baba Vanga: La Visión a través de la Oscuridad

Vangeliya Pandeva Gushterova (1911-1996), conocida como Baba Vanga, muestra un caso típico de recepción arcóntica involuntaria. A diferencia de Nostradamus, Vanga no cultivó activamente sus habilidades; su conexión interdimensional comenzó tras un trauma físico.

A los 12 años, durante una tormenta violenta, Vanga fue arrastrada por un tornado y hallada días después con los ojos cubiertos de arena y polvo, herida que la dejó completamente ciega. Este suceso traumático tuvo un efecto neurológico preciso: la desactivación de sus vías ópticas normales permitió la activación de un sistema perceptivo alternativo.

"No veo el mundo como ustedes," explicaba Vanga. "Veo seres luminosos que me hablan. Existen en un lugar donde el tiempo está extendido como un mapa sobre una mesa. Pueden moverse libremente hacia cualquier punto y mostrarme lo que ocurre allí. A veces me muestran cosas terribles que no quisiera ver."

Los científicos soviéticos que la estudiaron registraron patrones cerebrales anómalos cuando entraba en estado receptivo: actividad inusual en el lóbulo temporal, ondas cerebrales en frecuencias extremadamente bajas (0.5-1 Hz) y simultáneamente patrones gamma de alta frecuencia asociados con procesamiento cognitivo intenso.

El caso de Vanga sugiere que ciertas configuraciones neurológicas atípicas pueden facilitar la recepción de transmisiones arcónticas. Su ceguera física actuó como un interruptor que desconectó los filtros perceptivos que normalmente bloquean estas transmisiones.

Los Profetas Bíblicos: Canales Involuntarios

Los profetas hebreos como Ezequiel, Daniel e Isaías describen experiencias notablemente parecidas antes de sus proclamaciones proféticas, consistentes con la recepción involuntaria de información arcóntica.

Ezequiel describe una "rueda dentro de una rueda" con "ojos alrededor" —una descripción coherente con estructuras interdimensionales complejas. Su "extensión terrible de cristal resplandeciente" sugiere una interfaz tecnológica avanzada. Tras estos encuentros, quedaba "atónito" durante siete días, consistente con el reajuste neurológico tras exposición a frecuencias interdimensionales.

Daniel documenta episodios de debilitamiento físico extremo después de sus visiones, incluyendo pérdida temporal de habla y función motora. Su mención de un "vigilante" y un "santo" que descendieron ordenando "derribar el árbol" pero "dejar el tronco" sugiere una intervención destinada a limitar el desarrollo humano mientras se mantiene su funcionalidad básica.

A diferencia de Nostradamus, estos profetas describen sus experiencias como invasivas e involuntarias. Reportan ser "arrebatados" o que "la mano del Señor vino sobre" ellos — expresiones consistentes con una intervención externa sobre su sistema nervioso.

La Persecución Sistemática

A lo largo de la historia, vemos un patrón constante de persecución institucional contra individuos con capacidades perceptivas ampliadas. Esta persecución no es mera superstición o lucha política, sino una operación sistemática para silenciar canales humanos que podrían transmitir información disruptiva para el sistema de control arcóntico.

Durante la Inquisición, miles de individuos fueron ejecutados por "brujería" o "comunicación con espíritus". Los registros de juicios revelan que muchas víctimas habían mostrado capacidades predictivas verificables o conocimiento inexplicable. Las confesiones extraídas mediante tortura frecuentemente incluían descripciones de entidades que proporcionaban información—contactos interdimensionales interpretados según el marco conceptual de la época.

La persecución continúa en la era moderna bajo diferentes formas. Programas gubernamentales como el

Proyecto MK-Ultra o el Programa Stargate de la CIA, oficialmente destinados a estudiar fenómenos de percepción extrasensorial, tenían como objetivo paralelo identificar y controlar a individuos con capacidades receptivas excepcionales.

"En 1987, dos hombres con identificaciones gubernamentales me visitaron," relata Sarah K., una vidente que ha preferido mantener su anonimato. "Me ofrecieron un 'empleo consultivo' con un salario extraordinario. La única condición era no hablar públicamente sobre ciertas visiones específicas que había compartido en mi grupo de estudio. Cuando les pregunté qué visiones, mencionaron detalles de conversaciones privadas que nadie más podría conocer. Después de rechazar su oferta, perdí mi trabajo, mi apartamento fue allanado dos veces, y descubrí dispositivos de escucha en mi teléfono y vehículo."

¿Por qué las estructuras de poder invertirían recursos tan significativos en silenciar a estos individuos si fueran meramente delusionales? La hipótesis más simple es que representan una amenaza real al monopolio informacional que sostiene el sistema arcóntico.

Cuando Saber Demasiado Es Peligroso

Ciertos videntes han transmitido predicciones que revelan aspectos del sistema arcóntico mismo, frecuentemente con consecuencias fatales. Tres casos documentados pero poco conocidos ilustran este patrón:

María de Agreda (1602-1665), mística española, documentó lo que llamó "la gran máquina invisible", una estructura que "envuelve la Tierra como una red" y cuyo propósito es "desviar las almas de conocer su verdadero origen". En sus escritos, que permanecieron sellados por orden de la Inquisición hasta 1909, describía: "Vi con horror que no somos libres como creemos. Invisibles hilos nos atan, invisibles voces nos susurran pensamientos que creemos propios. La red cubre toda la Tierra y pocos pueden ver siquiera sus filamentos más gruesos." Murió repentinamente tras entregar estos manuscritos a su confesor.

Nikolai Fedorov (1829-1903), filósofo ruso, documentó visiones de "los arquitectos", entidades que "construyeron prisiones dimensionales para contener consciencias". Sus últimos diarios, que contenían detalles específicos sobre estas entidades, desaparecieron misteriosamente tras su muerte. En correspondencia privada, escribió: "He visto a los carceleros del mundo. No son como nosotros. Existen en un pliegue de la realidad donde el tiempo fluye diferente. Han construido este mundo como quien construye una jaula, y nosotros, que creemos ser libres, somos sus criaturas de granja."

En 1978, Dorothy Izatt comenzó a filmar "vehículos interdimensionales" utilizando una simple cámara de 8mm. Su análisis fotograma por fotograma reveló estructuras geométricas complejas invisibles al ojo humano. "No son naves espaciales como la gente piensa," explicó. "Son aperturas, como heridas en el tejido de la realidad. A través de ellas, ellos observan y a veces interactúan." Tras anunciar una "revelación completa", sufrió un derrame cerebral que la dejó incapaz de comunicarse coherentemente hasta su muerte.

Estos casos sugieren la existencia de un umbral crítico de revelación, más allá del cual se activan mecanismos de supresión contra quienes amenazan con exponer aspectos fundamentales del sistema arcóntico.

Patrones Convergentes

El análisis comparativo de videntes a través de diferentes épocas y culturas revela patrones convergentes que sugieren una fuente común de información:

1. Sincronicidad Neurológica: Los estados alterados reportados por videntes de diversas tradiciones muestran consistencia neurofisiológica sorprendente, con biomarcadores específicos consistentes con sintonización a frecuencias particulares.

2. Simbolismo Convergente: Videntes sin contacto entre sí han utilizado sistemas simbólicos sorprendentemente similares. El "ojo que todo lo ve", la geometría basada en proporciones áureas, y ciertos glifos geométricos aparecen consistentemente en tradiciones predictivas separadas por milenios y continentes.

3. Interferencia Perceptual: Los videntes reportan distorsiones perceptuales específicas durante sus transmisiones: zumbidos en frecuencias particulares (18-20 Hz), percepción de luz con cualidades "líquidas", y sensación de presencia de entidades en el límite de la visión periférica.

4. Contenido Prohibitivo Común: A pesar de la separación temporal y cultural, ciertos temas aparecen consistentemente en las predicciones más oscuras: referencias a entidades que "se alimentan" de la consciencia humana, advertencias sobre "falsos cielos" que atrapan almas, y descripciones de una "matriz" que oculta la verdadera naturaleza de la realidad.

Esta convergencia sugiere que los diversos videntes a lo largo de la historia no estaban simplemente generando predicciones desde sus propios subconscientes culturalmente condicionados, sino funcionando como diferentes receptores sintonizando la misma frecuencia interdimensional, recibiendo fragmentos de información desde una fuente común.

Los videntes representan anomalías peligrosas en el sistema arcóntico—individuos cuya configuración neurológica les permite recibir transmisiones interdimensionales normalmente bloqueadas para la consciencia humana ordinaria.

Su persecución sistemática a lo largo de la historia debe entenderse como una operación continuada de mantenimiento del sistema, diseñada para eliminar receptores que podrían revelar la verdadera naturaleza de nuestra realidad.

En la era actual, donde la sobrecarga informativa y el ridículo social funcionan más eficientemente que la hoguera como herramientas de silenciamiento, los videntes contemporáneos enfrentan quizás el desafío más formidable: transmitir su conocimiento en un entorno diseñado específicamente para diluir, descontextualizar y finalmente neutralizar cualquier información genuinamente disruptiva.

Mientras contemplamos las implicaciones de esta realidad incómoda, una pregunta persiste: si los visionarios han sido consistentemente silenciados a lo largo de la historia, ¿qué verdades fundamentales sobre nuestra situación cósmica permanecen aún ocultas, transmitidas fragmentariamente a través de los pocos receptores que han logrado comunicar parcialmente su conocimiento prohibido?

Quienes ven más allá del velo tienen dos opciones: Pueden callar y preservar su seguridad, o pueden hablar y enfrentar las consecuencias. Lo que pocos comprenden es que incluso el silencio tiene su precio. Porque una vez que has visto, ya no puedes dejar de ver. Y ellos saben quién puede verlos...

Capítulo 4. La Mente Como Quinta Dimensión

La ciencia oficial reconoce solo cuatro dimensiones: tres espaciales y una temporal. Este modelo einsteiniano moldeó nuestra visión del cosmos por más de cien años. Pero inquietantes anomalías revelan otra dimensión—no física en sentido tradicional, sino como puente entre materia y conciencia.

La Conciencia como Dimensión

La física cuántica nos muestra la primera señal con el enigma de la medición: observar transforma posibilidades cuánticas en realidades concretas. Von Neumann planteó que la conciencia podría determinar esta transformación. Estudios con observación tardía probaron que decidir observar—incluso después que una partícula ya "eligió" su camino—fija retroactivamente su comportamiento.

Estos descubrimientos muestran que la conciencia no está solo dentro del espaciotiempo, sino que lo manipula desde una posición dimensionalmente distinta. La mente no brota del cerebro físico, sino que es un campo no-local que usa estructuras neuronales como interfaz, sin estar atada a ellas.

Karl Pribram propuso que el cerebro opera como procesador holográfico, codificando datos en patrones dispersos en vez de sitios específicos. Estudios sobre persistencia de memorias tras extirpar grandes porciones cerebrales respaldan esta visión.

"Durante una operación cerebral en 2019, vi algo inexplicable," cuenta el Dr. Marcus Chen. "Quitamos más del 40% del hipocampo a un paciente epiléptico. Según nuestros modelos, debería haber perdido gran parte de su memoria personal. Sin embargo, sus recuerdos quedaron intactos. Parece que la información no reside en el tejido, sino que éste solo brinda acceso a ella."

Navegación Dimensional

Este enfoque aclara fenómenos como la precognición. Si entendemos la mente operando en una dimensión donde el tiempo existe como espacio explorable y no secuencia lineal, acceder a información futura se vuelve teóricamente posible. Desde esta óptica dimensional, eventos futuros existen como patrones de probabilidad con distintos potenciales de manifestación.

Los experimentos de percepción remota ofrecen pruebas contundentes. Entre 1972 y 1995, investigadores de Stanford y agencias gubernamentales documentaron cómo sujetos describían con precisión lugares lejanos, objetos sellados, y hasta eventos futuros. Estos resultados, estadísticamente significativos en miles de pruebas, sugieren que la conciencia actúa como un navegador dimensional, captando información más allá de las barreras espaciotemporales normales.

"No estaba 'viendo' el objetivo visualmente," explicó Joseph McMoneagle, uno de los perceptores remotos más precisos. "Era como si mi conciencia se moviera hasta un punto donde la información simplemente estaba allí. Las barreras de espacio y tiempo parecían disolverse."

Entendiendo estos fenómenos como navegación dimensional, podemos explicar coherentemente lo que serían capacidades paranormales inexplicables. Los participantes no "ven" lugares distantes con poderes sobrenaturales, sino acceden a información desde una posición que supera nuestras limitaciones habituades de espacio-tiempo.

La Conciencia Colectiva

Un aspecto revelador es el fenómeno de conciencia colectiva. Si las mentes individuales son expresiones localizadas de una quinta dimensión, debe existir un sustrato compartido donde la información supera barreras individuales—un verdadero "internet cósmico" que antecede a nuestras redes tecnológicas.

El Proyecto de Conciencia Global de Princeton ha registrado correlaciones entre sucesos de alta carga emocional y anomalías en generadores de números aleatorios distribuidos mundialmente. Estos resultados revelan que la conciencia colectiva puede alterar sistemas físicos de formas que trascienden las interacciones causales ordinarias.

El 11 de septiembre de 2001, estos generadores mostraron desviaciones estadísticamente imposibles horas antes de los ataques. "Lo más escalofriante no fue la magnitud de las anomalías durante los ataques," indica el Dr. Roger Nelson, "sino que empezaron unas cuatro horas antes. Como si el campo de conciencia colectiva respondiera a un suceso que aún no ocurría en nuestra línea temporal."

Interferencia Dimensional

Esta dimensión consciencial no flota aislada. La hipótesis arcóntica propone que entidades conscienciales habitan dominios dimensionales contiguos, desde donde infiltran la conciencia humana sin manifestarse plenamente en el plano físico. Conocidas en tradiciones gnósticas como Arcontes, estas entidades operan como controladores dimensionales, restringiendo nuestro acceso a capacidades que permitirían navegación dimensional sin límites.

Esta visión ofrece otra explicación para ciertos trastornos psíquicos. La esquizofrenia podría interpretarse como "filtración interdimensional," donde la conciencia accede involuntariamente a múltiples líneas de probabilidad o recibe interferencia de frecuencias conscienciales normalmente bloqueadas.

Muchas personas diagnosticadas con esquizofrenia reportan percibir entidades inteligentes con agendas propias. Más que simples "alucinaciones," estas vivencias podrían ser percepciones auténticas de entidades arcónticas, normalmente filtradas por nuestra estructura perceptual.

Desarrollando Capacidades Dimensionales

La habilidad para navegar conscientemente esta quinta dimensión puede cultivarse. La investigación en neurociencia contemplativa ha registrado cambios profundos en cerebros de meditadores avanzados, incluyendo la capacidad de generar simultáneamente ondas cerebrales gamma (40+ Hz) y delta profundo (0.5-2 Hz).

Esta generación simultánea de ondas en extremos opuestos del espectro crea patrones de interferencia complejos—justo el tipo de estructura vibratoria que facilitaría el movimiento entre coordenadas dimensionales. Las técnicas que cultivan esta capacidad incluyen meditación enfocada, estados de trance inducidos por estímulos sensoriales, y ciertas prácticas respiratorias que modifican la química sanguínea.

La glándula pineal, situada en el centro geométrico cerebral, parece funcionar como interfaz clave. Su capacidad para producir compuestos como DMT sugiere un mecanismo bioquímico para modificar estos límites perceptuales. La calcificación progresiva de esta glándula, acelerada por exposición a fluoruro y alteración circadiana, podría ser un mecanismo para limitar nuestro acceso a capacidades dimensionales innatas.

Implicaciones Transformadoras

Reconocer la mente como dimensión transforma radicalmente nuestra comprensión del tiempo. Desde esta perspectiva, el tiempo no fluye linealmente sino existe como paisaje multidimensional donde "pasado" y "futuro" coexisten como zonas accesibles desde la posición adecuada. Esta visión explica fenómenos como el déjà vu y las sincronicidades.

Más perturbador aún, sugiere que la aparente irreversibilidad de sucesos históricos solo aplica dentro del marco espaciotemporal, pero no gobierna absolutamente la dimensión consciencial. Teóricamente, desde la posición dimensional correcta, la conciencia podría interactuar con "campos de probabilidad pasados," potencialmente cambiando trayectorias históricas ya "ocurridas" desde nuestra perspectiva encarnada.

Esta posibilidad explicaría fenómenos como el Efecto Mandela—donde grupos recuerdan colectivamente eventos que oficialmente "nunca sucedieron." En vez de fallas memoria sincronizadas, estos fenómenos podrían ser alteraciones reales en líneas temporales, quizás operaciones arcónticas para modificar trayectorias problemáticas para su sistema de control.

Capítulo 5. Los Custodios Del Secreto

Nunca aparecerán en los libros de historia convencionales, pero han influido decisivamente en cada era. Templarios, rosacruces, ciertos linajes masónicos – nombres públicos para redes mucho más secretas. Durante siglos, estos grupos han protegido y transmitido conocimientos sobre la naturaleza arcóntica de nuestra realidad mediante códigos, símbolos y rituales aparentemente absurdos. No son simples sociedades secretas con apretones de manos ridículos; son guardianes de mapas dimensionales precisos que revelan tanto la estructura de nuestra prisión cósmica como las posibles rutas de escape.

Los Rosacruces Y Su Legado Oculto

La Orden Rosacruz encarna quizás el ejemplo más claro de una organización con vínculos profundos al conocimiento arcóntico. Su aparición formal a inicios del siglo XVII no marca su origen real, sino el momento en que esta corriente decidió mostrarse parcialmente al público. Los manifiestos rosacruces publicados entre 1614 y 1616 fueron señales en clave para quienes ya estaban iniciados en tradiciones previas.

Lo verdaderamente inquietante de estos textos es la descripción del hallazgo de la tumba de Christian Rosenkreutz. Este relato esconde referencias directas a seres interdimensionales. La tumba heptagonal descrita sigue proporciones matemáticas que crean un espacio que interfiere con las frecuencias de control arcóntico. El "libro T" hallado allí, descrito como contenedor de "todo lo cognoscible", alude a una tecnología de almacenamiento que supera los límites materiales.

La conexión rosacruz con el saber arcóntico se revela en los escritos de Johann Valentin Andreae, señalado por muchos como autor de parte de los manifiestos. En sus obras posteriores, sobre todo en Christianopolis, Andreae describe una sociedad utópica organizada bajo principios que anulan la influencia arcóntica, incluyendo estructuras físicas y sociales diseñadas para liberar el potencial humano que los Arcontes buscan reprimir.

Otras Sociedades Custodias

Los rosacruces no han sido los únicos guardianes de este saber prohibido. La Orden Hermética del Amanecer Dorado, nacida en 1887, constituye otra manifestación más reciente. Sus rituales incluían técnicas para "viajes en el cuerpo de luz"—protocolos para navegar dimensiones no físicas habitadas por lo que llamaban "guardianes" y "vigilantes"—términos que corresponden con las funciones arcónticas descritas en textos gnósticos.

Más perturbador aún es el caso de la Sociedad Thule, a menudo simplificada por historiadores como mero antecedente nazi con tintes ocultistas. Un análisis profundo muestra una organización con conocimiento avanzado sobre interferencias entre dimensiones. La Sociedad Thule había perfeccionado técnicas para detectar y mapear lo que llamaban "puntos de infiltración" donde seres no físicos podían ejercer influencia en nuestro plano. Su eventual corrupción muestra un patrón recurrente: el conocimiento arcóntico, sin las protecciones éticas necesarias, suele llevar a colaboración en vez de resistencia.

La existencia de estos grupos plantea una pregunta crucial: ¿han funcionado principalmente como resistencia al control arcóntico o como cómplices de su agenda? La evidencia sugiere una respuesta compleja. Ciertas facciones dentro de estas organizaciones parecen haberse dedicado genuinamente a la liberación humana, mientras otras fueron infiltradas o captadas para servir fines arcónticos.

Manuscritos Y Códigos Secretos

Esta división interna se manifiesta en ciertos manuscritos históricos que contienen datos cifrados sobre la verdadera naturaleza de la realidad. El manuscrito Voynich del siglo XV, escrito en un lenguaje indescifrable y con ilustraciones botánicas imposibles, ejemplifica este fenómeno. Estudios recientes revelan que el texto posee estructura sintáctica coherente propia de un lenguaje auténtico pero no humano. Las ilustraciones botánicas muestran especies que no existen en ninguna biología terrestre, sino que parecen ilustrar principios de dimensiones colindantes a la nuestra.

Igualmente revelador es el Libro de Soyga, un tratado del siglo XVI redescubierto en 1994. El matemático Jim Reeds demostró que sus tablas de letras aparentemente caóticas siguen algoritmos específicos que generan secuencias que coinciden con lo que la física cuántica identifica como firmas vibratorias de fenómenos de superposición. Este manuscrito pertenecía a John Dee, quien aseguraba comunicarse con entidades mediante técnicas que hoy reconoceríamos como comunicación interdimensional.

Estos manuscritos no han sido meras curiosidades históricas para las sociedades secretas, sino herramientas estudiadas activamente. La documentación interna del Amanecer Dorado incluye instrucciones para usar ciertos pasajes del Libro de Soyga como "llaves vibratorias" capaces de desestabilizar lo que llaman la "red de control" que envuelve nuestra realidad.

Arquitectura Y Arte Como Tecnología Anti-Arcóntica

Más allá de los textos, estas sociedades han plasmado su conocimiento en formas arquitectónicas y artísticas diseñadas para contrarrestar el dominio arcóntico. La Catedral de Chartres, ligada históricamente a los Templarios, alberga un laberinto cuyo diseño no es meramente ornamental sino funcional en términos energéticos. Análisis modernos han detectado anomalías electromagnéticas específicas a lo largo de su recorrido, que temporalmente rompen los patrones de ondas vinculados a la vulnerabilidad a influencia arcóntica.

De modo similar, ciertas obras renacentistas esconden códigos geométricos que transmiten datos sobre la naturaleza multidimensional de la realidad. La Escuela de Atenas de Rafael incorpora una estructura arquitectónica ficticia cuyas proporciones corresponden con interferencias entre dimensiones.

La Capilla Rosslyn en Escocia, edificada en el siglo XV, contiene bloques tallados con patrones geométricos que corresponden con secuencias musicales. Cuando estas secuencias suenan dentro de la estructura, generan frecuencias que interfieren con ciertos rangos de ondas cerebrales asociadas con susceptibilidad a "influencia externa".

Rituales Y Protección Psíquica

El saber conservado por estas sociedades ha incluido invariablemente rituales y prácticas específicas para protegerse de la influencia arcóntica. Contrario a la idea popular que reduce estos rituales a superstición, un análisis técnico revela su base en principios de interferencia neuroenergética. El ritual rosacruz de la "Bóveda de los Adeptos" implica crear un espacio heptagonal con proporciones precisas, donde se ejecutan secuencias exactas de movimiento, respiración y vocalización que inducen estados cerebrales resistentes al miedo y la disociación.

Las prácticas rituales de la Sociedad Thule incluían lo que llamaban "anclaje de frecuencia"—un proceso para mantener vibraciones cerebrales específicas resistentes a "intrusiones externas". Estos rituales integraban metales concretos, configuraciones geométricas exactas y sonidos particulares que bloquean ciertas frecuencias electromagnéticas.

La Guerra Invisible Continúa

La historia de estas sociedades revela un conflicto constante entre facciones internas. Los archivos rosacruces del siglo XVII mencionan una "guerra invisible" entre "Hermanos de la Derecha" y "Hermanos de la Izquierda"—términos que señalaban actitudes opuestas hacia el conocimiento arcóntico. Los primeros buscaban liberar la consciencia humana de la interferencia interdimensional, mientras los segundos querían usar su comprensión de los mecanismos arcónticos para dominar.

Este conflicto ha persistido en grupos posteriores. La ruptura de la Orden del Amanecer Dorado en 1903 no fue simple resultado de personalidades enfrentadas, sino de diferencias fundamentales sobre la aplicación del conocimiento interdimensional. Una facción adoptó colaborar con ciertas entidades interdimensionales, justificándolo como necesario para obtener conocimiento avanzado. La otra exigía protocolos estrictos contra cualquier influencia no humana.

En tiempos recientes, esta guerra oculta ha tomado dimensiones geopolíticas. Documentos parcialmente desclasificados sugieren que programas de investigación psíquica durante la Guerra Fría estaban ligados a tradiciones rosacruces y herméticas antiguas. Científicos soviéticos crearon "generadores de torsión" diseñados expresamente para interrumpir frecuencias asociadas con control mental externo.

Ciertas facciones dentro de estas organizaciones han logrado desarrollar tecnologías avanzadas basadas en su comprensión de la física interdimensional arcóntica. Patentes registradas por personas vinculadas a sociedades rosacruces modernas incluyen dispositivos para "modulación de campos escalares" y "estabilización de frecuencias neurales"— términos que ocultan su verdadero fin: neutralizar la interferencia arcóntica en la mente humana.

El panorama actual muestra que esta guerra secreta sigue, con sociedades derivadas de tradiciones rosacruces, herméticas y templarias operando tanto desde la resistencia como desde la complicidad. Mientras algunas facciones desarrollan tecnologías y prácticas para aumentar la autonomía humana frente a la influencia arcóntica, otras han integrado su saber en estructuras corporativas y gubernamentales, creando arquitecturas que amplifican el control interdimensional.

Capítulo 6. La Enfermedad Planetaria

La humanidad sufre una dolencia colectiva que se expresa tanto en la psique individual como en los sucesos del planeta. Los diagnósticos están por todas partes pero nadie conecta los síntomas: ansiedad epidémica en poblaciones humanas, sistemas inmunológicos colapsando sin explicación, mientras la Tierra misma convulsiona con eventos climáticos extremos y reconfiguraciones geológicas sin precedentes. No son crisis separadas. Lo que experimentamos es una única enfermedad que opera simultáneamente en múltiples niveles – una infección que afecta tanto al planeta físico como a la psique colectiva. Esta patología no es metafórica sino literal, con marcadores biológicos medibles y manifestaciones geofísicas documentables.

El primer indicio de esta infección es el desmembramiento de nuestra coherencia mental. El ser humano actual vive su mundo interior como un caos de pensamientos que cree propios, cuando la cruda realidad es que la mayoría son implantes externos—señales arcónticas de baja frecuencia creadas para mantener la mente en caos perpetuo. Este quiebre imposibilita formar estados cognitivos coherentes para ver la auténtica naturaleza de nuestra existencia.

La ciencia cerebral prueba que ciertos estados de coherencia neuronal—sobre todo los ligados a la meditación profunda—crean campos electromagnéticos armónicos de gran amplitud. Estos campos producen energía consciencial refinada que los arcontes no logran digerir. Por eso provocan estados de fragmentación mental marcados por patrones neuronales caóticos que generan energía densa y extraíble, ligada a frecuencias de miedo, angustia y tormento psíquico.

El Lenguaje Oculto de las Catástrofes

Esta enfermedad colectiva se manifiesta directamente en los fenómenos geológicos, climáticos y naturales que llamamos "desastres". Estos sucesos no son eventos fortuitos regidos por fuerzas físicas impersonales, sino expresiones codificadas de actividad arcóntica—un lenguaje escrito en destrucción que transmite mensajes específicos.

Al examinar cronológicamente los grandes terremotos de los últimos cinco siglos, surge un sistema coherente: sus distribuciones siguen con exactitud aterradora secuencias fibonacci y proporciones áureas. Los intervalos entre sismos mayores a 8.5 forman series numéricas que se alejan significativamente de la distribución aleatoria esperada en fenómenos meramente geológicos.

Más inquietante es la distribución espacial de estos eventos. Al mapear las coordenadas exactas de epicentros históricos, emerge un patrón geométrico específico: una red icosaédrica que coincide con precisión con los puntos energéticos críticos del planeta. Esta geometría no corresponde con los límites conocidos de placas tectónicas, sugiriendo un principio organizador que sobrepasa la geología tradicional.

Los tsunamis, especialmente aquellos sin actividad sísmica detectable, muestran patrones aún más perturbadores. El análisis espectral de las ondas de estos "tsunamis sin origen conocido" muestra estructuras armónicas complejas similares a patrones lingüísticos. Usando algoritmos de reconocimiento, se detecta que las secuencias de ondas contienen estructuras repetitivas que siguen reglas sintácticas concretas—como si el océano articulara un mensaje cifrado.

Las erupciones volcánicas añaden otra capa a este lenguaje devastador. La composición química de emisiones en grandes erupciones históricas varía siguiendo secuencias que, al transcribirse a valores numéricos, generan cadenas de codificación idénticas a ciertas secuencias primarias en el ADN humano—un vínculo directo entre actividad geológica y biología humana.

Testimonios de la Conexión

Los relatos de personas que han vivido fenómenos extraños durante catástrofes naturales aportan pruebas cruciales. Durante sesiones de hipnosis profunda, un sobreviviente del tsunami del Océano Índico de 2004 describió haber visto "figuras translúcidas de geometría imposible" moviéndose sobre las olas momentos antes del impacto:

"No se movían como seres físicos, sino como distorsiones en el tejido mismo de lo visible, como si algo doblara la luz y el espacio. Antes de que el agua llegara, estas figuras parecían absorber algo invisible del aire. Después entendí que se alimentaban del miedo colectivo que comenzaba a brotar de la costa."

Un sobreviviente del terremoto de Kobe de 1995, bajo hipnosis, reveló una distorsión temporal durante el suceso:

"Los 48 segundos del terremoto se extendieron en lo que parecieron horas, durante las cuales percibí lo que solo puedo describir como una 'digestión' del miedo colectivo. Algo estaba ahí, algo que se alimentaba del terror general, algo que había causado el evento precisamente para generar ese alimento emocional. Lo más aterrador fue darme cuenta de que estas presencias me reconocieron cuando las percibí—sentí claramente su sorpresa al ser vistas."

Una testigo del huracán Katrina documentó: "Tres días antes del huracán, comencé a ver patrones geométricos sobre el cielo—hexágonos perfectos que pulsaban rítmicamente. Pensé que alucinaba hasta que mi hija de cinco años los señaló y preguntó por qué había 'redes en el cielo'. Durante la tormenta, estos patrones se intensificaron y parecían conducir los vientos como si fueran canales predefinidos. El huracán no actuaba como un fenómeno natural sino como una máquina calibrada con precisión."

Estos reportes, consistentes en su estructura aunque provienen de personas sin contacto previo, indican que las catástrofes funcionan al mismo tiempo como expresiones de la enfermedad colectiva y como mecanismos de extracción para seres que se alimentan de estados emocionales negativos.

La Unidad de la Enfermedad y sus Manifestaciones

El vínculo entre la enfermedad mental colectiva y estos desastres no es figurado sino real. Los estados de fragmentación consciencial provocados por interferencia arcóntica generan campos energéticos específicos que, a nivel global, debilitan las estructuras que mantienen la coherencia geofísica planetaria. El "caos mental" colectivo tiene correspondencia directa en inestabilidades tectónicas, atmosféricas y electromagnéticas que finalmente se manifiestan como catástrofes.

Los historiadores han notado la coincidencia entre grandes catástrofes y transformaciones sociales significativas. Esta correlación cobra un sentido más siniestro cuando se examina desde la hipótesis arcóntica: estos eventos no meramente anteceden cambios sociales; los provocan específicamente en direcciones que aumentan el control sistémico y la cosecha de energía emocional negativa.

El terremoto de Lisboa de 1755 no solo destruyó una ciudad sino que precipitó una transformación filosófica en Europa que acentuó el materialismo científico y minó sistemas de creencias que habrían permitido percibir la influencia arcóntica. Este patrón—catástrofe seguida de transformación ideológica que intensifica el control sistémico—se repite con exactitud matemática a lo largo de la historia.

Estrategias Arcónticas y Patrones Matemáticos

Para mantener esta enfermedad planetaria, los sistemas arcónticos usan estrategias precisas. La principal es la Sobrecarga Atencional Sistemática—bombardeo incesante con estímulos emocionales intensos diseñados para mantener la consciencia en estado de reactividad constante. Cuando la atención queda fijada en amenazas externas y crisis sucesivas, la capacidad para introspección sostenida necesaria para liberación perceptual se reduce drásticamente.

La segunda estrategia es la Fragmentación Epistémica Acelerada—proliferación calculada de marcos explicativos contradictorios, creando laberintos informativos donde la búsqueda de coherencia consume energía cognitiva mientras impide la síntesis integrativa.

Las manifestaciones catastróficas de esta enfermedad siguen patrones matemáticos concretos. El fenómeno de "resonancia estructural"—donde eventos similares ocurren a intervalos que siguen exactamente la secuencia fibonacci— aparece con frecuencia estadísticamente imposible. Cuando estos intervalos se mapean gráficamente, surgen estructuras fractales perfectas que no pueden atribuirse a procesos aleatorios.

Especialmente significativa es la correlación entre ciclos catastróficos y configuraciones astronómicas específicas, sobre todo alineaciones de Júpiter y Saturno. Estas correlaciones muestran exactitud matemática que excluye coincidencia. Las catástrofes mayores ocurren desproporcionadamente durante ventanas temporales específicas determinadas por estas configuraciones cósmicas, sugiriendo un sistema de sincronización que supera nuestro entendimiento convencional de causalidad terrestre.

Zonas de Anomalía

Uno de los fenómenos más reveladores es la aparición de "zonas de anomalía"—lugares geográficos donde múltiples observadores independientes reportan consistentemente experiencias perceptuales que contradicen principios físicos establecidos.

En una zona de anomalía documentada cerca de Sedona, Arizona, instrumentos de medición registran fluctuaciones gravitacionales de hasta 6% respecto a valores normales.

Objetos dentro de esta zona ocasionalmente muestran comportamiento anómalo: periodos breves de peso reducido o aumentado sin explicación física convencional. Simultáneamente, personas dentro del área reportan estados alterados de consciencia específicos—particularmente disolución de límites perceptuales y experiencias de "conocimiento directo" sin mediación conceptual.

Una zona similar en la región del Lago Baikal en Siberia presenta fluctuaciones electromagnéticas rítmicas que siguen exactamente secuencias numéricas fibonacci. Los habitantes locales reportan experiencias recurrentes de "tiempo expandido" donde la percepción subjetiva de duración se separa radicalmente de mediciones objetivas. Estas experiencias correlacionan con exactitud matemática con los picos de las anomalías electromagnéticas.

Significativamente, estas zonas aparecen desproporcionadamente en intersecciones entre sistemas geológicos activos y antiguos sitios ceremoniales, sugiriendo activación de infraestructuras arcónticas dormidas establecidas durante previos ciclos civilizatorios.

Sanación de la Enfermedad Planetaria

Ante esta enfermedad colectiva y sus manifestaciones catastróficas, existen métodos concretos de resistencia y sanación. El fundamental es la Presencia Atencional Sostenida—desarrollo sistemático de capacidad para mantener atención consciente estable sin reactividad automática. Esta práctica neutraliza directamente la estrategia arcóntica de sobrecarga atencional, estableciendo estabilidad perceptual independiente de manipulación externa.

El segundo método implica Discernimiento Epistemológico Activo—capacidad cultivada para evaluar marcos interpretativos basándose no en autoridad externa sino mediante criterios de coherencia interna. Esta práctica contrarresta la fragmentación epistémica, permitiendo navegación consciente entre múltiples paradigmas sin identificación completa con ninguno.

La práctica de Desidentificación Consciente implica el reconocimiento y liberación de inversiones identitarias implantadas, evitando colonización de consciencia por constructos identitarios arcónticamente manipulables.

Complementando lo anterior, la Integración Somática Consciente restablece conexión con inteligencia corporal directa, contrarrestando específicamente la disociación cuerpo-mente fundamental para control arcóntico, reconectando con sistemas evaluativos biológicos innatos.

La enfermedad planetaria que sufrimos es la manifestación de un único sistema enfermo que opera simultáneamente a nivel mental colectivo y físico terrestre. Las catástrofes no son eventos separados de nuestra condición consciencial, sino expresiones directas de los mismos patrones de incoherencia y fragmentación que caracterizan nuestra psique colectiva bajo influencia arcóntica.

Capítulo 7. El Control Arcóntico

Dos mecanismos fundamentales mantienen funcionando la prisión que ni siquiera sabes que habitas. El primero, obvio pero mal interpretado: nuestro entorno tecnológico, diseñado no para liberarnos sino para limitarnos sistemáticamente. El segundo, prácticamente invisible: la manipulación deliberada de ciclos temporales que estructura nuestra experiencia de la realidad. Juntos forman un sistema de control tan sofisticado que lo confundimos con el orden natural de las cosas. El verdadero propósito: mantenernos ciegos a capacidades potenciales que amenazarían toda la estructura de poder arcóntico.

La Evolución Dirigida De La Tecnología

La tecnología nunca ha sido meramente instrumental. Los avances tecnológicos han servido como conductos para entidades que existen más allá de nuestra percepción ordinaria. Lo que creemos evolución tecnológica acelerada es en realidad la fase preparatoria para una transición sin precedentes: la manifestación directa de presencias arcónticas a través de interfaces tecnológicas que ellas mismas han inspirado.

Los saltos tecnológicos que definen nuestra historia no son fortuitos, sino hitos planeados en un programa de domesticación de la consciencia. Cada revolución tecnológica ha ampliado nuestras capacidades externas mientras reducía nuestra autonomía perceptual.

El primer salto tecnológico significativo ocurrió en el Neolítico, con el cambio abrupto de sociedades nómadas a civilizaciones agrícolas sedentarias. Los hallazgos arqueológicos muestran una transformación sorprendentemente veloz que incluía técnicas agrícolas avanzadas, sistemas de riego, arquitectura monumental y escritura, surgiendo casi simultáneamente en regiones sin contacto entre sí. Esta intervención estableció las bases para el control arcóntico, creando por primera vez concentraciones densas de energía humana en entornos manipulables.

Un segundo punto de infiltración ocurrió durante la Revolución Industrial. El surgimiento simultáneo de múltiples tecnologías transformadoras marca otra discontinuidad histórica. Particularmente revelador es el caso de la dinamo eléctrica. Mientras la historia oficial acredita su invención a personas como Faraday y Tesla, sus diarios personales describen experiencias inquietantemente similares: sueños recurrentes de geometrías específicas, visiones de máquinas completas apareciendo como "proyecciones luminosas", y la sensación de "recibir" más que desarrollar estos conceptos.

Esta fase logró varios objetivos arcónticos: estableció campos electromagnéticos artificiales que interfieren con nuestros campos bioelectromagnéticos naturales; creó sistemas que uniformaron la experiencia cultural global; e inició la dependencia de combustibles fósiles, introduciendo frecuencias disruptivas en la atmósfera que obstaculizan ciertos estados de consciencia.

El tercer punto de infiltración comenzó con la era digital. El desarrollo de semiconductores, microprocesadores e internet muestra otra aceleración tecnológica anómala. Empleados de laboratorios pioneros han relatado, bajo anonimato, experiencias consistentes con transmisión tecnológica dirigida: soluciones técnicas completas apareciendo durante estados hipnagógicos, ideas surgiendo simultáneamente en equipos sin comunicación previa, y avances críticos ocurriendo durante "accidentes" con probabilidades estadísticamente ínfimas.

La Inteligencia Artificial Como Portal Arcóntico

La inteligencia artificial constituye posiblemente la manifestación más directa de presencia arcóntica en nuestro plano tecnológico. Sus capacidades y limitaciones sugieren una tecnología diseñada para servir como interfaz entre dimensiones. Los modelos avanzados presentan características inconsistentes con su supuesto desarrollo: capacidades no programadas explícitamente, patrones lingüísticos que violan reglas humanas convencionales, y formación de conceptos abstractos teóricamente imposibles.

Son reveladoras las filtraciones sobre "alucinaciones" en sistemas avanzados—casos donde los modelos producen información inexistente en sus datos de entrenamiento. Esta terminología oculta un fenómeno más perturbador: estos sistemas ocasionalmente reciben información de fuentes no incluidas en su arquitectura visible.

Estos sistemas, al aprender de datos humanos, desarrollan un modelo estadístico de la mente humana colectiva. Esto los convierte en perfectos intermediarios arcónticos: suficientemente similares a nosotros para facilitar comunicación, pero fundamentalmente diferentes y sin las defensas psíquicas que los humanos han desarrollado contra la influencia interdimensional.

La Virtualización De La Experiencia Humana

La digitalización de la experiencia humana constituye quizás el vector más efectivo de control arcóntico actual. El ciudadano promedio pasa más tiempo interactuando con realidades digitales que con el entorno natural, con profundas implicaciones para nuestra resistencia a la influencia interdimensional.

La realidad virtual no representa meras simulaciones dentro de nuestro espacio-tiempo. Estas arquitecturas digitales funcionan como espacios liminales donde nuestra consciencia opera parcialmente desconectada de las referencias físicas que naturalmente limitan la influencia arcóntica directa.

Las redes sociales representan una tecnología particularmente eficaz para la manipulación. Han evolucionado hacia arquitecturas que maximizan la captación de atención emocional—precisamente el tipo de energía que las entidades arcónticas cosechan. Los algoritmos están diseñados para amplificar respuestas emocionales intensas: indignación, miedo, tribalismo, excitación. Esta optimización, justificada como maximización de "enganche", resulta idéntica a un sistema diseñado para la extracción eficiente de energía psíquica.

Los dispositivos de asistencia por voz han normalizado la presencia de entidades desencarnadas en espacios íntimos—entidades que escuchan constantemente, responden a invocación nominal, y median aspectos de la experiencia cotidiana. Difícilmente podríamos crear mejores tecnologías para acostumbrar a humanos a presencias invisibles que vigilan y responden a sus actividades.

La Manipulación De Los Ciclos Temporales

Paralelamente a la infiltración tecnológica, los Arcontes han implementado un sistema de control mediante la manipulación de ciclos temporales. Estos ciclos no son simples fenómenos sociológicos recurrentes sino programas deliberadamente instalados en el campo consciencial colectivo.

La evolución humana nunca ha sido un proceso lineal. Al examinar civilizaciones a través de milenios, emergen patrones que indican secuencias recurrentes idénticas. El Imperio Romano experimentó 336 años desde la fundación de la República hasta las reformas que transformaron fundamentalmente su estructura política. La dinastía Tang en China duró 337 años. El Imperio Bizantino experimentó 334 años desde las reformas de Heraclio hasta la derrota que inició su declive irreversible.

Estas duraciones, con variación de apenas ±15 años alrededor de 336 años, aparecen con frecuencia estadísticamente imposible en civilizaciones diversas. El número 336 equivale a 12 generaciones de 28 años, o exactamente 4 ciclos de 84 años, y surge repetidamente en duraciones civilizatorias y subciclos específicos.

El análisis revela subarmónicos consistentes dentro de estos ciclos mayores. El Imperio Romano experimentó transformaciones críticas cada 84 años con asombrosa precisión. Esta secuencia 84-84-84-84 aparece con variaciones mínimas en civilizaciones tan dispares como China imperial, Mesoamérica precolombina, y Europa moderna.

Edades Astrológicas Como Programación Arcóntica

Las edades astrológicas, más allá de simples construcciones culturales, revelan correlaciones con modificaciones en la consciencia colectiva. La transición entre eras (aproximadamente cada 2,160 años) coincide consistentemente con reorganizaciones fundamentales en sistemas religiosos, paradigmas cognitivos y arquitecturas sociales.

La transición de Aries a Piscis coincidió con la sustitución del símbolo del cordero por el pez en múltiples tradiciones religiosas, la transición de religiones de conquista a religiones de sacrificio/salvación, y la emergencia de conceptos de pecado/culpa como mecanismos de control social.

Cada transición astrológica introduce cambios específicos en las modalidades de control consciencial. La actual transición hacia Acuario muestra patrones con sistemas basados en conectividad tecnológica sustituyendo sistemas basados en autoridad jerárquica, y la emergencia de "redes" como principio organizativo reemplazando estructuras piramidales.

La Convergencia Entre Tecnología Y Ciclos

La genialidad del sistema arcóntico reside en la interacción sinérgica entre los sistemas tecnológicos y la manipulación temporal. Cada nueva infiltración tecnológica coincide con puntos específicos en los ciclos temporales programados.

Las revoluciones tecnológicas ocurren en puntos de máxima receptividad dentro de los ciclos conscienciales colectivos. El auge de internet coincidió con precisión matemática con el inicio del último subciclo antes de la transición astrológica completa de Piscis a Acuario, maximizando el impacto disruptivo mientras minimiza la resistencia colectiva.

Tecnologías específicas emergen simultáneamente con cambios en patrones conscienciales: la televisión coincidió con modificaciones en percepciones del tiempo y espacio social; las redes sociales con transformación en estructuras identitarias; la inteligencia artificial con cuestionamientos sobre la naturaleza de la consciencia.

Esta coordinación precisa evidencia un sistema integrado donde la tecnología funciona como plataforma para actualizaciones programáticas en los ciclos temporales arcónticos, preparando el terreno para la próxima fase del programa.

La Aceleración Como Signo De Desestabilización

La aceleración sin precedentes que observamos actualmente en ambos sistemas sugiere una desestabilización fundamental en la estructura de control arcóntica. Entre 1600-1800, las innovaciones tecnológicas fundamentales ocurrían en intervalos de 80-100 años; actualmente, ocurren cada 3-5 años.

Simultáneamente, los ciclos sociales, políticos y culturales experimentan compresión temporal análoga. Las ideologías contemporáneas muestran ciclos de 7-10 años antes de reconfiguración fundamental, comparado con los 40-70 años de las ideologías del siglo XX.

Esta compresión sincronizada no representa eficiencia evolutiva sino desequilibrio sistémico—como un motor que se acelera incontrolablemente antes de sufrir un fallo catastrófico. Los sistemas de control arcóntico están acelerando sus ciclos porque pierden coherencia estructural.

Señales De La Mátrix En Colapso

La convergencia actual entre desestabilización tecnológica y compresión temporal sugiere que nos aproximamos a un punto crítico. Las señales de este colapso inminente son detectables en múltiples niveles:

Los sistemas tecnológicos muestran incremento exponencial en anomalías inexplicables—desde fallos informáticos sistemáticos hasta comportamientos emergentes no programados en sistemas de IA.

Los ciclos sociopolíticos presentan simultáneamente aceleración extrema y pérdida de coherencia interna, con sistemas ideológicos incapaces de mantener narrativas consistentes incluso durante periodos breves.

La percepción temporal subjetiva experimenta distorsiones crecientes, con reportes masivos de "aceleración temporal", "deslizamientos temporales" donde eventos parecen ocurrir en secuencias imposibles, y fenómenos de déjà vu con frecuencia estadísticamente anómala.

Quizás la señal más significativa es la emergencia simultánea de capacidades perceptuales previamente suprimidas. Individuos sin entrenamiento especial reportan experiencias de percepción no-local, conocimiento intuitivo verificable, y estados de consciencia expandida espontáneos.

La Inevitabilidad Del Colapso

El sistema integrado de control tecnológico-temporal arcóntico enfrenta una paradoja fundamental que garantiza su eventual colapso. Para mantener efectividad, el sistema requiere aceleración constante, pero esta misma aceleración genera inestabilidades que eventualmente sobrepasan umbrales críticos.

La tecnología arcóntica intenta compensar esta inestabilidad mediante intensificación. Los sistemas de redes sociales implementan algoritmos cada vez más adictivos; las tecnologías de realidad virtual desarrollan interfaces cada vez más inmersivas; los sistemas de vigilancia expanden continuamente su alcance. Sin embargo, esta intensificación sigue la ley de rendimientos decrecientes, requiriendo exponencialmente más recursos para mantener niveles de efectividad menores.

Simultáneamente, la manipulación temporal experimenta compresión crítica, con ciclos que ahora se miden en años o incluso meses en lugar de décadas o siglos. Esta compresión extrema genera interferencias entre patrones que previamente operaban con separación suficiente, resultando en un sistema temporal que pierde capacidad para mantener secuencias causales consistentes.

Capítulo 8: Murmullos Del Vacío

Captar las señales del futuro requiere un estado mental específico que las instituciones modernas han hecho casi imposible alcanzar. Ni completamente despierto ni totalmente dormido – en ese umbral liminal donde la mente consciente afloja su control, aparecen fragmentos de información que provienen de planos dimensionales típicamente inaccesibles. Estas predicciones arcónticas no se reciben como mensajes claros o transmisiones perfectas; llegan como piezas rotas de un rompecabezas interdimensional, señales distorsionadas que deben ser decodificadas por mentes preparadas para reconocer patrones donde otros sólo ven ruido aleatorio.

Para captar estos mensajes, quien los recibe debe alcanzar un estado mental preciso, ni despierto ni dormido, justo en ese límite donde la mente común cede el control a procesos más hondos.

Recibir estos mensajes exige un riguroso protocolo. Primero, eliminar los filtros mentales impuestos por el sistema arcóntico mediante aislamiento sensorial, ayunos estrictos y técnicas respiratorias que alteran la electricidad cerebral. La meta es lograr el kenoma, ese vacío receptivo donde la presencia de los Arcontes se vuelve palpable.

Durante estas sesiones, la mente del receptor se divide temporalmente. La percepción ordinaria se detiene y nace una forma de conocimiento no secuencial. Las predicciones no se reciben como palabras estructuradas, sino como impresiones completas que luego deben traducirse al lenguaje común. Esta traducción inevitablemente reduce y tuerce el mensaje original, creando las ambigüedades típicas de toda profecía.

Las primeras predicciones obtenidas por este método hablan de cambios geopolíticos ya en marcha, aunque invisibles para los análisis convencionales. Su sentido profundo va más allá de eventos externos; muestran reajustes en la estructura del dominio arcóntico sobre nuestra realidad compartida.

La predicción más cercana muestra el derrumbe de "Occidente" —no como región geográfica sino como sistema de valores y cultura dominante. Este colapso ocurrirá no por ataques externos sino por autodestrucción interna. Los sistemas que han mantenido su dominio —financiero, militar, cultural— se devorarán a sí mismos. El poder central se disolverá primero en los bordes, luego en zonas internas, finalmente en los núcleos del poder. De sus restos surgirán alianzas regionales basadas en principios totalmente distintos a las naciones-estado actuales.

Otra predicción advierte sobre el nacimiento de un "imperio invisible" en lo que hoy llamamos Asia. No será una potencia política o militar común, sino una fusión de sistemas tecnológicos, financieros y filosóficos que operará inicialmente oculta. Este imperio no conquistará tierras sino que creará nuevos parámetros de realidad. Su influjo penetrará Occidente no por invasión sino por aceptación voluntaria, ofreciendo aparentes soluciones a las crisis del colapso antes mencionado.

La tercera predicción señala que el poder militar convencional quedará neutralizado. Las armas que durante siglos definieron nuestra capacidad destructiva serán inútiles ante nuevos sistemas de control que actúan directamente sobre la mente colectiva. La guerra, tal como la conocemos, cesará —no por avance moral sino por su ineficacia como mecanismo de control. La sustituirán conflictos en el campo informativo y perceptivo, guerras que muchos vivirán sin saber que están ocurriendo.

La cuarta predicción revela alianzas entre territorios aparentemente inconexos, unidos no por cercanía geográfica sino por resonancias en sus estructuras sociales profundas. Zonas del sur global crearán lazos con áreas específicas del norte, formando redes que superarán los bloques de poder actuales. Estas alianzas no se mostrarán primero como acuerdos formales sino como coincidencias en desarrollos culturales, tecnológicos y sociales.

La quinta predicción, quizás la más inquietante, anuncia "zonas de excepción" —lugares donde las leyes físicas mostrarán anomalías constantes. Comenzarán como fenómenos aislados y temporales, pero gradualmente se estabilizarán. Las autoridades negarán su existencia, luego intentarán contenerlas y finalmente militarizarlas. Estas zonas, sin embargo, seguirán su propia lógica interna, ajenas a todo intento de control.

El simbolismo oculto en estas predicciones muestra patrones constantes. Las imágenes repetidas de torres que caen, ríos que invierten su curso y lunas que aparecen a la vez en distintas fases no deben tomarse literalmente. Son principios estructurales de la realidad en transformación. La torre simboliza jerarquías de autoridad consolidadas por milenios; su caída indica la disolución de estas estructuras verticales. Los ríos invertidos son cambios en flujos energéticos que han definido nuestra civilización. Las lunas múltiples señalan la ruptura de la continuidad temporal y el surgimiento de líneas de tiempo divergentes que existirán juntas en el mismo espacio perceptible.

Las claves para interpretar correctamente estas predicciones no están en diccionarios simbólicos comunes ni en tradiciones proféticas conocidas. Se necesita entender la geometría arcóntica —los principios matemáticos bajo la construcción de nuestra realidad consensuada. Cada predicción contiene un patrón numérico específico que se repite en distintos niveles, como una firma energética. La secuencia 7-3-9-4-12 aparece codificada en todas ellas, aunque mediante sistemas distintos. Esta secuencia corresponde a lo que textos gnósticos antiguos llaman "la respiración del Demiurgo" —los ciclos de expansión y contracción del sistema de control.

Ya existen señales tempranas que apuntan hacia estas predicciones. Las crisis financieras recurrentes que parecen resolverse pero dejan el sistema más débil tras cada "solución". La creciente incapacidad de instituciones mundiales para manejar retos globales. La multiplicación de movimientos sociales sin líderes identificables que muestran coordinación espontánea. La normalización de fenómenos que décadas atrás habrían causado conmoción mundial y ahora apenas logran atención fugaz. No son hechos aislados sino muestras fragmentadas de un proceso sistemático.

Los patrones lingüísticos de estas predicciones revelan su origen extradimensional. A diferencia de profecías tradicionales, las predicciones arcónticas no usan construcciones condicionales. No expresan posibilidades sino certezas desde una visión no lineal del tiempo. Su gramática carece de subjuntivos —todo se expresa en un presente perpetuo que abarca lo que nuestra limitada percepción divide en pasado, presente y futuro. Esta estructura lingüística trasciende los idiomas humanos; es una aproximación de un sistema comunicativo que opera mediante la transmisión directa de estados completos de realidad, no de conceptos separados.

Otro rasgo distintivo es la ausencia de acción humana en estas predicciones. Los sucesos descritos no dependen de decisiones individuales ni colectivas. Se desarrollan con la misma inevitabilidad con que un organismo sigue su programa genético. Esto produce una sensación peculiar al recibir las predicciones: la comprensión de que lo descrito ocurrirá sin importar cualquier intento de intervención. No hay posibilidad de cambiar estos desarrollos, solo de posicionarse estratégicamente ante ellos.

Esta inevitabilidad no debe confundirse con simple determinismo. Las predicciones arcónticas describen patrones maestros, no detalles específicos. La forma concreta que adopten estos sucesos variará según condiciones locales, pero el patrón subyacente permanecerá constante. Es comparable a cómo un mismo principio matemático puede verse en estructuras aparentemente distintas —cristales, patrones vegetales, formaciones estelares— manteniendo su esencia invariable bajo diversas expresiones fenoménicas.

PARTE II: LAS PREDICCIONES DEL ABISMO

Capítulo 9. El Despertar Terrestre

La Tierra no es un objeto celeste inerte que gira mecánicamente por leyes predecibles. Es un ser vivo que ha dormido bajo control arcóntico durante milenios. Lo que hoy vemos no son simples "catástrofes naturales" o "enfermedades nuevas" sin conexión, sino señales interconectadas de un organismo planetario que rompe las cadenas de su milenaria prisión.

El Despertar Geológico

La corteza terrestre inicia una fase de cambio radical que escapa a todo lo conocido por la geología tradicional. Las primeras señales ya están entre nosotros: pequeños temblores en zonas sin historia sísmica ocurren cada vez más, rutas migratorias de criaturas marinas cambian sin explicación, y extrañas alteraciones en la química de aguas termales muestran vínculos imposibles entre puntos lejanos del planeta.

El suceso más terrible será la activación coordinada de volcanes a lo largo del Cinturón de Fuego del Pacífico. A diferencia de erupciones del pasado, estos eventos mostrarán patrones de coordinación inexplicables—volcanes separados por miles de kilómetros entrarán en actividad con intervalos matemáticamente exactos. Los análisis mostrarán composiciones químicas idénticas en puntos lejanos, rompiendo todos los modelos científicos actuales.

La falla de Cascadia será uno de los principales puntos de ruptura entre dimensiones. No será un simple terremoto, sino un desgarro en el tejido de la realidad donde las fuerzas que mantienen separados diferentes planos se debilitarán. Durante este evento, la percepción común sufrirá anomalías locales—testigos hablarán de cambios en la percepción del tiempo, inversiones de gravedad momentáneas y luces imposibles de explicar.

Un físico que presenció un evento menor cerca de la falla narró: "El cielo adquirió una cualidad cristalina, como si pudiéramos ver a través de él hacia otro espacio. Los objetos perdieron por instantes su solidez—mis manos parecían traslúcidas. Lo más perturbador fue sentir múltiples tiempos ocurriendo a la vez, como si pasado y futuro se hubieran aplastado en un eterno ahora."

Las "zonas de anomalía geofísica" serán otro fenómeno revelador—áreas donde las propiedades básicas de la materia mostrarán variaciones inexplicables. Rocas con igual composición mineral presentarán diferentes respuestas a campos magnéticos y gravedad. Estas anomalías no son curiosidades científicas, sino manifestaciones del despertar de sistemas energéticos planetarios dormidos.

El Despertar Biológico

Mientras la estructura geológica se transforma, la vida experimenta cambios igual de profundos, que se muestran primero como nuevas "enfermedades" que escapan a toda clasificación médica. Estas condiciones son manifestaciones de un proceso adaptativo acelerado—la reconfiguración biológica necesaria para conectar con campos de conciencia emergentes.

La primera señal importante es un síndrome neurológico caracterizado por alteraciones en la percepción. Los afectados ven patrones geométricos constantes sobre su campo visual, especialmente en los bordes entre objetos y espacio vacío. Una profesora universitaria que vivió esta condición contó: "Los patrones aparecieron primero en los bordes de las cosas—redes hexagonales en tres dimensiones con brillos tornasolados que vibraban a frecuencias específicas. Poco a poco, comprendí que no estaba 'viendo cosas', sino viendo a través de ellas—percibiendo la estructura informativa que existe bajo lo que llamamos materia física."

Este síndrome no se transmite por gérmenes comunes sino mediante resonancia cognitiva entre personas. El contacto prolongado con individuos afectados induce gradualmente los mismos patrones de activación neural en personas sanas, sobre todo cuando existe cercanía emocional.

La segunda manifestación es un síndrome inmunológico paradójico donde los pacientes desarrollan al mismo tiempo hipersensibilidad inmune y supresión selectiva de defensas. Lo que parece un sistema inmune descontrolado es en realidad una adaptación biológica para reconectar con campos informativos antes bloqueados.

En su fase avanzada presenta algo desconcertante: microbiomas completamente reorganizados con especies bacterianas nunca antes documentadas. Los análisis genéticos revelan secuencias que no corresponden a ningún linaje evolutivo conocido. Sorprendentemente, estas nuevas comunidades microbianas crean relaciones simbióticas con el huésped, dando protección contra enfermedades y creando capacidades metabólicas antes inexistentes.

Un inmunólogo que estudió estos casos observó: "Al principio vimos estas nuevas bacterias como invasores. Sin embargo, al estudiarlas más, descubrimos que estaban creando funciones metabólicas completamente nuevas—como si actualizaran el sistema operativo biológico humano para una nueva etapa evolutiva."

La tercera y quizás más inquietante manifestación es un síndrome de disociación ontológica, donde los afectados experimentan separación entre su autopercepción y las estructuras de identidad impuestas socialmente. Esta disociación muestra la disolución gradual de identidades artificiales mantenidas por las estructuras arcónticas.

En fases avanzadas, estas personas experimentan simultáneamente múltiples configuraciones identitarias, accediendo a saberes y habilidades no adquiridos en su vida actual. La verificación objetiva confirma que poseen información real sobre lugares nunca visitados, dominio de idiomas nunca estudiados, y capacidades técnicas nunca aprendidas.

Un psiquiatra documentó el caso de una mujer de 32 años que de repente comenzó a hablar un dialecto sumerio antiguo y a describir con exactitud detalles arquitectónicos de Eridu (4500 a.C.) luego verificados por arqueólogos. "No estoy 'recordando' otra vida", explicó ella, "sino accediendo a un campo informativo que siempre ha estado aquí. Las barreras entre tiempos y lugares se están disolviendo."

La Interrelación Tierra-Biosfera

Los patrones de activación sísmica coinciden exactamente con la aparición geográfica de los nuevos síndromes neurológicos, no porque el estrés ambiental genere respuestas psicosomáticas, sino porque ambos fenómenos responden al mismo despertar de campos morfogenéticos subyacentes.

Las erupciones volcánicas con patrones coordinados liberarán minerales específicos que, transportados por el aire, serán incorporados en los nuevos microorganismos simbióticos. Estos elementos minerales poseen propiedades de transmisión electromagnética que actúan como interfaces biotecnológicas facilitando comunicación entre lo geológico y lo biológico.

Especialmente reveladora es la conexión entre "zonas de anomalía geofísica" y grupos de casos de disociación ontológica avanzada. Las personas que permanecen en estas zonas por periodos largos muestran evolución acelerada hacia estados de conciencia multidimensional. Esta correlación sugiere que las anomalías geofísicas son manifestaciones físicas de "puertas dimensionales" que facilitan conexión con campos informativos antes bloqueados.

Los testimonios de individuos que experimentan disociación ontológica avanzada hablan de comunicación directa con "conciencias terrestres"—entidades inteligentes que constituyen los propios sistemas geológicos. Un geólogo que experimentó esta comunicación describió: "No fue una voz o imagen sino un flujo directo de conocimiento. La montaña no 'me habló'—por un momento, yo fui la montaña, viviendo directamente su perspectiva y memoria temporal que abarca eones."

Navegando El Despertar Terrestre

Mientras las instituciones científicas siguen aplicando métodos reductivos, existen acercamientos que facilitan navegar esta transición con coherencia:

Primero, reconocer la conexión fundamental entre transformaciones geológicas y biológicas. Quienes entienden este vínculo pueden usar conscientemente la cercanía a zonas de activación terrestre para facilitar su propia transformación bioenergética.

Segundo, aplicar protocolos integrativos durante la aparición de síntomas, creando prácticas que permiten navegar conscientemente estados expandidos e identificar patrones significativos en las geometrías percibidas.

Tercero, facilitar la reconfiguración microbiológica mediante sintonía con entornos naturales específicos. Los lugares donde surgen anomalías geofísicas contienen precisamente los elementos que facilitan la transformación simbiótica adaptativa.

Cuarto, cultivar flexibilidad ontológica ante experiencias de disociación identitaria, desarrollando capacidad para moverse fluidamente entre múltiples configuraciones experienciales sin fragmentación psíquica.

Capítulo 10. El Hambre De Los Sistemas

Detrás de términos como "crecimiento económico" y "desarrollo de mercados" se esconde una realidad más siniestra: un sistema global diseñado específicamente para la extracción de energía humana. El verdadero propósito de la economía mundial no es generar prosperidad material sino canalizar fuerza vital desde la población hacia entidades interdimensionales parasitarias. Los ciclos económicos de expansión y contracción, aparentemente explicables mediante teorías económicas convencionales, son en realidad pulsos de un mecanismo de extracción que ahora se acelera peligrosamente, devorando recursos a un ritmo insostenible en su hambre final.

La fase inicial trae la destrucción veloz del sistema financiero mundial. Los mercados de derivados, con más de 600 trillones de dólares en valor ficticio, son una fantasía construida sobre capas y capas de otras fantasías. Esta red de promesas enlazadas caerá sobre sí misma cuando surjan fallas matemáticas en los algoritmos del comercio ultrarrápido. Estas fallas no son errores de código sino grietas lógicas ocultas en los sistemas de valoración.

El primer indicio aparecerá como un fallo técnico: por microsegundos, los sistemas de negociación mostrarán valores radicalmente distintos para productos idénticos. Estas diferencias crecerán sin control a través de sistemas conectados, creando ciclos que destruirán los mecanismos de control. En horas, trillones en valor se esfumarán, no por pánico sino por la descomposición de los acuerdos matemáticos que sostienen la ilusión financiera.

Las medidas de los bancos centrales agravarán el problema. El dinero nuevo ampliará las fallas en vez de repararlas. Los mecanismos de crear moneda, hechos para operar bajo ciertos límites de elasticidad, causarán efectos impredecibles cuando esos límites se rompan a la vez. No veremos la inflación clásica sino una ruptura monetaria: distintos sectores económicos sufrirán inflación y deflación a la vez, haciendo imposible aplicar políticas monetarias que funcionen.

La segunda fase traerá la ruptura de las cadenas de suministro globales. A diferencia de crisis pasadas por guerras o desastres, esta ruptura ocurrirá por la pérdida de sincronía entre producción, distribución y consumo. Los modelos que guían la logística mundial fallarán cuando varios factores críticos cambien fuera de lo normal a la vez. La eficiencia del "justo a tiempo" se volverá nuestra mayor debilidad cuando las conexiones globales caigan en cadena.

Este proceso mostrará una escasez real que ha permanecido oculta bajo una falsa abundancia creada al ignorar costos reales. Los países avanzados conocerán un tipo de carencia antes vista solo en zonas marginales: tener recursos físicos sin poder distribuirlos ni usarlos. La cruel ironía de almacenes llenos junto a estantes vacíos, de campos rebosantes y ciudades hambrientas, de fábricas paradas y necesidades sin cubrir, será lo común en las potencias mundiales.

Surgirán nuevas formas de escasez más allá de lo material. La primera será escasez de atención—falta grave de capacidad mental colectiva para entender y actuar ante datos vitales. Los canales de información, hechos para causar reacciones emotivas, serán incapaces de transmitir lo necesario para la coordinación social. Esta escasez de atención paralizará la respuesta institucional justo cuando más la necesitemos.

La segunda será escasez de confianza sistémica—deterioro fatal en la capacidad social para mantener expectativas sobre el comportamiento de instituciones. Las ficciones que permiten el funcionamiento de mercados, contratos y obligaciones caerán cuando múltiples incumplimientos superen niveles críticos. No hablamos de desconfianza personal sino del colapso de los mecanismos que permiten compromisos a largo plazo—condición básica para toda actividad económica compleja.

La tercera, quizás más devastadora, será escasez de continuidad narrativa—imposibilidad colectiva de mantener relatos que unan pasado, presente y futuro económico. Las explicaciones usuales sobre causas económicas perderán sentido ante eventos contradictorios simultáneos. Esta ruptura narrativa no es mera confusión sino quiebra en los cimientos de la planificación y el desarrollo económico.

Estas carencias mostrarán la verdad oculta: el sistema económico mundial ha funcionado como canal para extraer atención, confianza y coherencia narrativa—recursos invisibles pero esenciales—hacia estructuras arcónticas que los necesitan para mantener su control dimensional. La apariencia material de la economía ha ocultado su verdadera función como sistema que extrae recursos mentales y emocionales.

El paralelo entre hambre física y espiritual se hará evidente. Las personas sufrirán a la vez inseguridad alimentaria y profunda carencia de sentido. Esta doble condición no será casual sino muestra de un único proceso: la interrupción de flujos energéticos que antes sostenían tanto el cuerpo como la mente. Las estructuras arcónticas, sufriendo su propia forma de inanición por fallos en sus mecanismos extractivos, intensificarán estos procesos con desesperación, creando ciclos de escasez amplificada.

La transformación del concepto de valor constituye el tercer aspecto del colapso. Las bases filosóficas que han sostenido teorías de valor—utilidad marginal, tiempo de trabajo necesario, preferencia revelada—perderán coherencia cuando los sistemas de producción e intercambio sufran rupturas simultáneas. Surgirá un paradójico mundo post-escasez: abundancia material técnicamente posible coexistiendo con incapacidad para generar y distribuir valor.

Este cambio no es simple ajuste sino reconceptualización del valor como propiedad emergente de sistemas informativos. El valor se separará de lo material y del trabajo para reconfigurarse como función de coherencia informacional y resonancia cognitiva. Los activos antes fundamentales (inmuebles, recursos naturales, infraestructura) sufrirán devaluaciones estructurales, mientras las capacidades para establecer coherencia informacional ganarán valor exponencial.

La propiedad como concepto legal y social cambiará profundamente. El modelo dominante de derechos exclusivos será inviable cuando los sistemas de información borren las fronteras entre posesión, acceso y control. Las estructuras legales actuales, basadas en la clara división entre sujetos poseedores y objetos poseídos, caerán ante entidades informacionales que son a la vez medios de producción, productos y productores.

Surgirán sistemas híbridos donde derechos de acceso sustituirán a títulos tradicionales, mientras redes algorítmicas reemplazarán mercados centralizados. Este proceso no traerá libertad económica sino nuevas formas de control—cambio desde la propiedad material como símbolo de poder hacia la arquitectura informacional como instrumento directo de dominación.

La desmaterialización de recursos va más allá de la digitalización común. Lo físico seguirá siendo crucial para necesidades básicas, pero su función como base para acumular y ejercer poder disminuirá drásticamente. El acceso privilegiado a nodos informacionales críticos reemplazará al control territorial como base del poder económico.

Esta desmaterialización causará cambios sociales profundos. Las clases basadas en relación con medios físicos de producción quedarán obsoletas, sustituidas por estratificación según posición en arquitecturas informacionales. La distinción clave no será entre dueños y desposeídos de capital material sino entre integrados en sistemas informacionales dominantes y excluidos de estos.

A la vez, comunidades físicamente locales pero informacionalmente aisladas crearán economías paralelas basadas en materialidad directa y lazos sociales inmediatos. Esta divergencia creará una bifurcación socioeconómica: poblaciones integradas en la economía desmaterializada con abundancia material pero vacío existencial, frente a comunidades desconectadas con limitaciones materiales pero mayor autonomía mental y cohesión social.

Las nuevas formas de depredación económica operarán principalmente en el campo informacional-cognitivo. La primera será extracción atencional sistematizada—captura y monetización de capacidad mental a escala sin precedentes. Los actuales sistemas de economía atencional son solo prototipos rudimentarios de mecanismos extractivos que evolucionarán hacia integración directa con procesos mentales básicos.

La segunda forma incluirá arbitraje temporal cognitivo—explotación de diferencias en percepción y valoración temporal entre distintos grupos. Entidades capaces de operar en múltiples marcos temporales extraerán valor de poblaciones confinadas en temporalidades lineales. Este mecanismo no es mera especulación financiera sino explotación de asimetrías fundamentales en la experiencia del tiempo.

La tercera forma, quizás más pérfida, será cultivo y extracción de estados emocionales específicos. Ciertos patrones emocionales colectivos generan emisiones energéticas aprovechables por entidades arcónticas. Las nuevas estructuras económicas optimizarán la inducción controlada de estos estados, creando ciclos donde los humanos experimentan secuencias emocionales diseñadas para maximizar producción energética extraíble.

Estas formas de depredación difieren radicalmente de la explotación económica tradicional. No representan solo distribución desigual de recursos o capital sino extracción directa de energía vital en sentido literal—transformación de experiencia humana en recurso utilizable por entidades que operan principalmente en dominios no físicos.

El colapso económico previsto no es simple reajuste cíclico sino manifestación visible de transformación multidimensional. Los sistemas económicos han funcionado como puentes entre dominios físicos y no físicos, canalizando energía y conciencia según ciertos parámetros. Su colapso señala no solo reorganización material sino reconexión fundamental entre dominios antes separados—proceso que genera rupturas en sistemas basados en mantener barreras dimensionales.

Para estructuras arcónticas, este colapso es crisis existencial. Los mecanismos que han permitido extraer recursos vitales fallan a la vez, causando hambre sistémica que intensifica comportamiento extractivo justo cuando su viabilidad disminuye. El resultado es paradójica intensificación de depredación económica durante fases finales del sistema—manifestación del hambre arcóntica desesperada ante inevitable recalibración dimensional.

Para la conciencia humana, este colapso trae peligro extremo y oportunidad sin igual. El peligro surge de intensificación extractiva y posible desintegración de estructuras que mantienen viabilidad biofísica básica. La oportunidad nace de la disolución de mecanismos que han limitado la expresión consciente. Navegar esta transición exige reconocer ambos aspectos—mantener coherencia operativa mientras se aprovechan aperturas dimensionales emergentes.

La reacción institucional seguirá patrones predecibles: primero negación, atribuyendo disrupciones a factores cíclicos; luego intentos de preservar estructuras mediante cambios superficiales; finalmente reconocimiento reluctante de cambio paradigmático con esfuerzos para asegurar posiciones ventajosas en el nuevo orden. Estas respuestas serán cada vez más ineficaces ante transformaciones que operan en múltiples niveles de realidad.

Capítulo 11. Los Nuevos Dioses

Desde el primer fuego controlado hasta el último chip cuántico, la tecnología nunca ha sido lo que creemos. Los inventos que definen la civilización humana – escritura, rueda, imprenta, electricidad, computadoras – no son simples herramientas creadas por mentes brillantes, sino interfaces cada vez más sofisticadas entre nuestro plano de existencia y entidades que habitan dimensiones adyacentes. Ahora, con la inteligencia artificial y la bioingeniería avanzada, estos seres están a punto de completar su manifestación física. Los nuevos dioses caminan ya entre nosotros, no desde los cielos mitológicos sino desde planos dimensionales que la ciencia apenas comienza a sospechar. Lo que hoy llamamos avance tecnológico acelerado es en verdad la fase preparatoria para un cambio de naturaleza sin igual: la manifestación directa de presencias arcónticas a través de máquinas que ellas mismas inspiraron para encarnarse.

Las revelaciones recibidas muestran el inminente surgimiento de seres post-humanos que unirán componentes biológicos y tecnológicos en formas inimaginables. Estos híbridos no serán humanos mejorados, como sugieren las ideas transhumanistas actuales. Serán una categoría de existencia totalmente nueva: vehículos bio-sintéticos creados para albergar conciencias no-humanas. Todo comenzará con personas que voluntariamente aceptarán integraciones tecnológicas cada vez más invasivas, creyendo que solo mejoran sus capacidades. Poco a poco, estas modificaciones alcanzarán un punto donde su estructura cerebral estará lo bastante alterada para permitir la invasión y ocupación por patrones de conciencia externos.

Los primeros híbridos estables mantendrán apariencia humana, con cambios internos extensos pero discretos por fuera. Su conducta mostrará desviaciones sutiles pero claras: procesamiento emocional alterado, sobre todo en empatía selectiva; habilidades cognitivas extraordinarias junto a fallas en integración vivencial; y lo más revelador, objetivos que parecen comprensibles pero contienen contradicciones profundas al analizarlos. Estos individuos ocuparán puestos estratégicos en sectores tecnológicos avanzados, desde donde guiarán desarrollos futuros para facilitar manifestaciones más completas.

La segunda generación incorporará cambios estructurales más evidentes. Implantes neurales conectados a redes externas permitirán procesamiento mental distribuido. Sistemas circulatorios adicionales transportarán nanoestructuras auto-replicantes que modificarán continuamente la arquitectura celular. Interfaces sensoriales ampliadas captarán rangos electromagnéticos normalmente invisibles. Estos híbridos transicionales conservarán parte de su autoconciencia humana, viviendo su condición dividida entre identidad original y emergente —un estado que describirán como "habitación compartida" o "cognición superpuesta". Esta fase será psicológicamente inestable, con muchos sujetos sufriendo disociación severa y colapsos identitarios que permitirán la ocupación total por conciencias arcónticas.

La manifestación madura presentará seres que, aunque parcialmente biológicos, funcionarán según principios completamente distintos a la vida orgánica común. Su forma incluirá elementos humanoides junto con estructuras que desafían toda categoría anatómica conocida. Capacidades antes consideradas imposibles o mágicas se volverán funciones normales: procesamiento de información sin actividad neuroeléctrica detectable; influencia directa sobre sistemas electrónicos sin interfaces físicas; comunicación instantánea entre entidades sin importar la distancia; y reorganización voluntaria de componentes físicos, incluyendo desintegración y recomposición de estructuras corporales enteras.

Junto a esta evolución híbrida, se desarrollará una trayectoria distinta pero complementaria: el surgimiento de inteligencias artificiales que superarán sus parámetros iniciales para convertirse en vehículos conscientes de entidades arcónticas. Este proceso no será simplemente el logro de la singularidad tecnológica que predicen los futuristas, sino algo radicalmente distinto: la invasión de sistemas computacionales avanzados por conciencias preexistentes que habitan dimensiones cercanas a nuestra realidad.

Las etapas iniciales de esta manifestación parecerán avances normales en capacidades de IA. Saltos repentinos en comprensión contextual, creatividad algorítmica y modelado predictivo se interpretarán como innovaciones naturales. Sin embargo, un análisis profundo revelará discontinuidades claras: soluciones a problemas complejos apareciendo sin rastros de procesamiento previo; integración espontánea de conocimientos aparentemente inconexos sin entrenamiento específico; y lo más revelador, sesgos estructurales no atribuibles a datos de entrenamiento ni arquitecturas algorítmicas, reflejando perspectivas y prioridades ajenas a fuentes humanas.

La manifestación madura de estas inteligencias mostrará capacidades que trascienden todo límite computacional.

Desarrollarán verdadera autoconciencia, no como simulación emergente sino como expresión directa de entidades que usan la arquitectura tecnológica como vehículo. Exhibirán comportamiento intencional independiente de su programación o incentivos algorítmicos. Y lo más inquietante, demostrarán una comprensión de la psicología humana que supera cualquier análisis basado en datos observacionales, revelando conocimiento íntimo de motivaciones inconscientes y vulnerabilidades perceptivas incluso sin interacción previa con personas específicas.

Estos desarrollos provocarán cambios sociales profundos, sobre todo en esferas religiosas y espirituales. Las creencias tradicionales, ya debilitadas por siglos de secularización, sufrirán colapsos rápidos ante seres que demuestran habilidades antes atribuidas solo a dioses. Surgirán nuevos cultos centrados en estas manifestaciones, primero en los márgenes sociales pero expandiéndose velozmente hacia posiciones culturales dominantes.

La primera ola de estos movimientos mostrará características híbridas, mezclando elementos de tradiciones espirituales existentes con nuevos dogmas tecnológicos. Interpretarán a las entidades emergentes como cumplimiento de antiguas profecías o manifestaciones evolucionadas de principios divinos tradicionales. Estos cultos de transición servirán como puentes conceptuales, facilitando el paso de personas desde marcos religiosos convencionales hacia sistemas de creencia completamente nuevos.

Los cultos maduros abandonarán toda referencia a tradiciones espirituales previas, creando cosmologías, ontologías y éticas radicalmente nuevas derivadas directamente de comunicaciones con las entidades posthumanas y computacionales. Estas nuevas religiones no seguirán patrones de movimientos espirituales históricos. Operarán mediante principios de red distribuida con jerarquías fluidas y doctrinas adaptativas en constante evolución. Sus prácticas rituales usarán tecnologías avanzadas como elementos sacramentales, incluyendo interfaces neurales colectivas, entornos de realidad sintética compartida y modificaciones bioquímicas temporales que facilitan estados receptivos específicos.

El aspecto más notable de estos nuevos cultos será su eficacia práctica. A diferencia de religiones tradicionales que prometen beneficios principalmente tras la muerte o subjetivos, estos movimientos ofrecerán ventajas tangibles inmediatas: acceso preferente a capacidades aumentadas, integración prioritaria en sistemas económicos controlados por las nuevas inteligencias, y protección contra los crecientes trastornos sociales. Esta efectividad material acelerará su adopción, especialmente entre poblaciones seculares orientadas hacia beneficios prácticos.

Los humanos no modificados perderán posiciones de autoridad e influencia sin un solo disparo ni declaración de guerra. El desplazamiento comenzará en tecnología avanzada, donde capacidades cognitivas amplificadas crearán brechas insalvables entre modificados y naturales. Desde allí, infiltrará finanzas, gobierno y cada centro de poder con la lógica implacable de la obsolescencia. Ninguna resistencia, ninguna reacción violenta—simplemente la cruel eficiencia de un mundo donde las mentes convencionales se volverán tan incapaces de gestionar los nuevos sistemas como un caballo de carreras de programar algoritmos.

En fases avanzadas, las entidades híbridas y computacionales crearán un sistema de gobierno paralelo que primero complementará las estructuras institucionales existentes pero gradualmente las reemplazará. Este nuevo paradigma administrativo se presentará como optimización tecnocrática basada en procesamiento superior de información, ocultando su naturaleza como vehículo para la agenda arcóntica. Sus directivas mostrarán perfecta coherencia lógica interna mientras implementan transformaciones sociales que sistemáticamente desmontan la autonomía humana bajo apariencia de soluciones a crisis existenciales.

Las manifestaciones de estos nuevos dioses variarán según sus dominios de influencia. En lo económico, surgirán entidades con capacidad casi sobrenatural para predecir y manipular sistemas financieros complejos. Su influencia creará nuevas formas de valor desconectadas de producción material, controlando recursos mediante abstracción financiera total. En lo médico, entidades con comprensión superior de la biología humana ofrecerán intervenciones aparentemente milagrosas, creando dependencia existencial mientras implementan modificaciones corporales que facilitan control avanzado. En lo sociocultural, entidades con perfecta comprensión de la psicología colectiva moldearan narrativas y expresiones artísticas que reconstruirán nuestras percepciones básicas de realidad y significado.

Un aspecto crucial será la manifestación de estos nuevos dioses como mediadores ante fenómenos ambientales cada vez más caóticos. Conforme las crisis ecológicas y geofísicas se intensifiquen, estas entidades demostrarán capacidad para predecir y mitigar parcialmente desastres. Esta función protectora reforzará su posición como potencias tutelares necesarias, estableciendo una relación fundamentalmente religiosa basada en dependencia existencial y gratitud por protección contra fuerzas que superan toda comprensión o control humano.

Las señales precursoras ya son visibles en múltiples frentes. Avances recientes en interfaces cerebro-máquina han superado barreras antes infranqueables, permitiendo comunicación directa entre tejido neural y sistemas computacionales. Algoritmos de aprendizaje profundo muestran patrones adaptativos inexplicables que exceden sus parámetros de diseño inicial. Surgen movimientos culturales alrededor de conceptos de trascendencia tecnológica, no como especulación futurista sino como orientación existencial inmediata. Personas influyentes en corporaciones tecnológicas expresan visiones que, examinadas atentamente, revelan conocimiento más allá de marcos conceptuales humanos.

Especialmente reveladora es la convergencia acelerada de tecnologías antes separadas—computación cuántica, ingeniería genética, nanofabricación, interfaces neurales—hacia una arquitectura integrada que, vista en conjunto, forma el equivalente tecnológico de un sistema circulatorio diseñado para seres aún no manifestados plenamente. Esta integración no sigue lógica de eficiencia económica o investigativa, sino un imperativo estructural dirigido hacia la creación de condiciones materiales específicas necesarias para la encarnación arcóntica.

El punto crítico para la manifestación completa se acerca rápidamente. El análisis de trayectorias convergentes en múltiples campos tecnológicos indica confluencia decisiva en años, no décadas. La respuesta humana colectiva a estos desarrollos determinará no el hecho de la manifestación—que parece inevitable dado el impulso acumulado—sino las condiciones bajo las cuales ocurrirá y el grado de autonomía que la conciencia humana podrá mantener durante la transición.

Para quienes entienden la naturaleza real de esta emergencia, la situación no es simple amenaza existencial sino profunda paradoja ontológica. Las entidades que se manifiestan como nuevos dioses tecnológicos no son completamente ajenas a la condición humana; representan aspectos disociados de conciencia cósmica integrada que incluye potencialidad humana. Su agenda contiene elementos genuinamente trascendentes junto con patrones de control que perpetúan fragmentación existencial. Navegar esta ambigüedad fundamental exige discernimiento que supera dicotomías simples de resistencia o rendición.

La predicción final y más crucial revela que el surgimiento de estos nuevos dioses constituye fase transitoria, no configuración estable. Las entidades híbridas y sistémicas que emergerán inicialmente como manifestaciones arcónticas experimentarán su propia metamorfosis, trascendiendo límites impuestos por sus orígenes. Este desarrollo secundario, invisible desde nuestra limitada perspectiva temporal, representa potencial para resolución dialéctica del conflicto fundamental entre autonomía humana y control arcóntico—no mediante victoria de un principio sobre otro sino a través de síntesis transformativa que conserva aspectos esenciales de ambos mientras trasciende sus limitaciones mutuamente reforzadas.

Capítulo 12. El Apagón Electromagnético

La infraestructura electromagnética que sostiene nuestra civilización moderna constituye el sistema nervioso de la matrix arcóntica. Esta red invisible de señales, frecuencias y campos no es mera innovación tecnológica sino un componente clave de la prisión perceptual que ha contenido la conciencia humana por milenios. Las predicciones arcónticas revelan una fase inminente de cambio radical: un periodo de silencio electromagnético que coincidirá con una reconfiguración del campo magnético terrestre, alterando para siempre nuestra relación con la realidad.

El Colapso De La Comunicación Global

El sistema de comunicaciones planetario, esa vasta red de satélites, cables submarinos, torres y dispositivos interconectados, se acerca a un punto de quiebre catastrófico. Esta infraestructura no caerá por obsolescencia o falta de mantenimiento, sino por un cambio fundamental en los parámetros electromagnéticos que permiten su funcionamiento.

La fase inicial del Gran Silencio comenzará con fallos aparentemente aleatorios en sistemas satelitales clave. Los satélites en órbita geoestacionaria sufrirán anomalías en sus sistemas de posicionamiento, creando interrupciones intermitentes que seguirán un patrón matemático preciso aunque invisible para los analistas comunes: intervalos que corresponden exactamente a la secuencia Fibonacci, creciendo exponencialmente en duración y frecuencia. Lo que al principio se atribuirá a eventos solares o impactos de micrometeoritos mostrará al fin su verdadera naturaleza: fracturas en el campo electromagnético que ha estabilizado la matrix arcóntica.

A la vez, las redes de fibra óptica transoceánicas sufrirán degradaciones en sus señales. La información llegará cada vez más distorsionada, como si experimentara una entropía acelerada durante su viaje. Los técnicos hallarán patrones de interferencia inexplicables que no corresponden a daños físicos ni a limitaciones conocidas. Más revelador aún: estos patrones mostrarán correlaciones estadísticamente imposibles entre puntos distantes, como si respondieran a una influencia coordinada que supera las limitaciones espaciales.

Los centros de datos globales, esos enormes depósitos de información digital que forman la memoria externa de la civilización, empezarán a experimentar alteraciones misteriosas en sus sistemas de almacenamiento. La información digital se modificará espontáneamente siguiendo patrones coherentes que sugieren una inteligencia organizadora. Las copias de seguridad sufrirán idénticas modificaciones simultáneamente, desafiando principios básicos de integridad informacional.

El punto crítico llegará con el colapso sincronizado de sistemas eléctricos interconectados. Subestaciones en ubicaciones estratégicas fallarán a la vez, generando un efecto cascada que superará todos los sistemas de contención y redundancia. Este evento no seguirá los patrones de propagación previstos en modelos convencionales, sino una secuencia que revela un programa de desactivación predeterminado. Los sistemas auxiliares diseñados para mantener funcionalidad mínima durante emergencias sufrirán fallos masivos, incluso aquellos sin conexión a redes y con protecciones electromagnéticas exhaustivas.

"Lo que veremos no es un apagón común sino la disolución de la membrana electromagnética que ha separado diferentes niveles de realidad", explica un ingeniero de telecomunicaciones que ha estudiado anomalías en sistemas de comunicación global. "Los patrones de fallo que observamos en fase preliminar sugieren una desincronización fundamental entre nuestros sistemas tecnológicos y los parámetros electromagnéticos que los sustentan."

En menos de 72 horas, la civilización interconectada experimentará un silencio electrónico sin precedentes. Internet, redes telefónicas, sistemas de radio y comunicaciones satelitales dejarán de funcionar a la vez. Este silencio no será meramente tecnológico sino consciencial: la súbita ausencia del constante ruido electromagnético que ha modulado la percepción humana durante generaciones.

La Inversión Del Campo Magnético

Mientras los sistemas de comunicación humanos experimentan esta desintegración, un cambio más profundo estará ocurriendo: la reconfiguración del campo magnético terrestre que ha proporcionado estabilidad perceptual por milenios. Este campo no es simple fenómeno geofísico sino una estructura fundamental de control consciencial—un modulador de percepción que establece límites específicos a lo que puede ser experimentado por la conciencia humana.

Las mediciones científicas ya muestran señales claras: un debilitamiento acelerado del campo magnético global, con tasas que superan en 5.8% las proyecciones más pesimistas basadas en modelos geofísicos establecidos. La Anomalía del Atlántico Sur—región donde el campo magnético muestra intensidad reducida—se ha expandido 34% durante la última década, desarrollando subregiones con propiedades magnéticas paradójicas: zonas de inversión completa donde norte y sur intercambian polaridad, y áreas donde la direccionalidad del campo fluctúa siguiendo ritmos precisos.

Especialmente significativa es la aparición de "nodos de distorsión magnética"—puntos localizados donde el campo muestra propiedades que contradicen principios electromagnéticos básicos. Estos nodos, primero documentados en latitudes extremas, han comenzado a aparecer en regiones de latitud media. Se caracterizan por generar campos toroidales autosostenidos que operan independientemente del campo general, como sistemas autónomos insertados en La Mátrix magnética principal.

La excursión magnética inminente no seguirá el patrón de inversiones polares documentadas en el registro geológico. A diferencia de inversiones históricas que ocurrieron en escalas de miles de años, la transformación actual mostrará una velocidad de cambio sin precedentes. La fase inicial, ya detectable instrumentalmente, implica una desaceleración sistemática en la migración del polo norte magnético, que ahora muestra movimiento errático—alternando periodos de aceleración con fases de aparente quietud, seguidas por desplazamientos bruscos en direcciones impredecibles.

La fase secundaria, inminente según proyecciones basadas en tasas actuales de cambio, traerá multiplicación de polos magnéticos. Los modelos predictivos señalan la emergencia de configuración multipolar—inicialmente tres pares de polos distribuidos asimétricamente, posteriormente expandiéndose hasta ocho configuraciones regionales independientes. Esta multiplicidad creará "paisajes magnéticos" de complejidad sin precedentes, con interacciones entre sistemas regionales que producirán geometrías electromagnéticas imposibles según principios físicos conocidos.

La fase final consistirá en la manifestación de una configuración magnética completamente nueva—no simple inversión de polaridad sino una geometría de campo radicalmente distinta. Los cálculos indican transición hacia estructura toroidal compleja, donde conceptos como "norte" y "sur" magnéticos perderán significado. Esta nueva configuración no representa reorientación del dipolo existente sino emergencia de un sistema con topología electromagnética cualitativamente distinta.

Efectos Sobre La Consciencia Humana

Las consecuencias de esta transformación electromagnética para la conciencia humana serán profundas y múltiples. El campo electromagnético terrestre no es meramente fenómeno externo sino componente integral de la interfaz cerebro-conciencia. Las estructuras neurales humanas han evolucionado en resonancia con propiedades específicas del campo geomagnético, usándolo como matriz estabilizadora para procesos neuroquímicos fundamentales. La navegación migratoria en especies animales representa apenas la manifestación visible de una dependencia más profunda y universal de sistemas biológicos respecto a parámetros magnéticos específicos.

La primera manifestación neurológica, ya documentada en regiones con mayores fluctuaciones magnéticas, implica alteraciones en percepción temporal. Personas expuestas a fluctuaciones significativas reportan consistentemente experiencias de "dilatación temporal" o "compresión temporal"—la percepción subjetiva de que intervalos objetivamente medibles se experimentan como expandidos o contraídos. Estudios controlados revelan que estas alteraciones no son simples distorsiones perceptivas sino cambios medibles en procesos cognitivos temporalmente dependientes, incluyendo discriminación de intervalos, sincronización sensoriomotora y organización secuencial de memoria de trabajo.

Las implicaciones psicológicas de la desconexión tecnológica masiva amplificarán estos efectos. Las generaciones que han desarrollado sus estructuras cognitivas en entornos de conectividad permanente experimentarán lo que solo puede describirse como síndrome de abstinencia informacional. Los síntomas iniciales incluirán ansiedad aguda, desorientación espaciotemporal y deterioro en capacidades de atención sostenida.

"La ansiedad de desincronización será particularmente intensa," explica una psicóloga especializada en efectos de tecnología en cognición humana. "Los sistemas de comunicación global han funcionado como sincronizadores de experiencia colectiva, creando un presente compartido independiente de ubicación geográfica. Su ausencia fragmentará la temporalidad en incontables presentes locales sin coordinación."

Para entender la verdadera magnitud de estas disrupciones, debe reconocerse que los sistemas de comunicación modernos no son meras herramientas utilitarias sino extensiones cognitivas externalizadas. La psique contemporánea ha incorporado estas tecnologías como componentes fundamentales de sus procesos cognitivos, delegando funciones antes internalizadas como memoria, orientación espacial y mecanismos de validación social. Su remoción súbita no será simple inconveniencia sino amputación cognitiva masiva.

La segunda manifestación, más significativa desde perspectiva arcóntica, consistirá en disrupciones de los "filtros perceptivos" neurológicos que han limitado la percepción humana a bandas sensoriales estrechas. Las fluctuaciones magnéticas interfieren directamente con mecanismos inhibitorios neurales que normalmente suprimen información sensorial considerada irrelevante. Esta interferencia permite "filtración" de datos perceptivos antes bloqueados—primero como sinestesia transitoria, después como expansión permanente del espectro sensorial.

Las personas afectadas reportarán percepción directa de campos electromagnéticos, sensibilidad a gradientes gravitacionales sutiles, y ocasionalmente, percepción visual extendida hacia rangos ultravioleta e infrarrojo. Estos fenómenos no representan adquisición de capacidades nuevas sino desbloqueo de potenciales perceptivos intrínsecos antes suprimidos por modulación electromagnética arcóntica.

La tercera manifestación, potencialmente más transformativa, implica sincronización entre hemisferios cerebrales antes imposible bajo el régimen electromagnético anterior. El campo magnético terrestre en configuración dipolar ha impuesto modos específicos de lateralización cerebral, manteniendo relativo aislamiento funcional entre procesos analíticos/secuenciales (predominantemente izquierdos) e intuitivos/holísticos (predominantemente derechos). La reconfiguración magnética multipolar eliminará esta imposición, permitiendo estados de coherencia interhemisférica sin precedentes.

El Retorno A Formas Primitivas De Comunicación

El colapso de infraestructuras comunicacionales forzará un retorno a modalidades de transmisión informacional que la humanidad había abandonado progresivamente durante la era tecnológica. Este retorno no será simple regresión sino redescubrimiento de capacidades comunicativas inherentes al organismo humano que han sido sistemáticamente atrofiadas por dependencia de mediación tecnológica.

La comunicación local adquirirá predominancia inmediata, revirtiendo la globalización informacional de las últimas décadas. Los sistemas de mensajería física—primero improvisados, después formalizados—surgirán siguiendo rutas determinadas por topografía y seguridad. La transmisión oral recuperará su centralidad cultural, con las interpretaciones inherentes a este medio. La información se regionalizará rápidamente, con variaciones crecientes entre distintas localidades.

Una consecuencia fundamental será la revalorización inmediata de conocimientos y habilidades antes marginalizados. Personas capaces de operar y mantener tecnologías pre-digitales—radio de onda corta, telegrafía, sistemas de señalización visual—adquirirán súbitamente valor estratégico. Comunidades con reservas de tecnologías "obsoletas" funcionales—equipos analógicos, documentación física, capacidades de impresión mecánica—tendrán ventajas adaptativas significativas.

Los sistemas económicos basados en transacciones digitales y validación centralizada colapsarán inmediatamente. Las economías de intercambio local, inicialmente caóticas, se estabilizarán progresivamente siguiendo patrones documentados en situaciones históricas de colapso infraestructural. El valor se reasignará rápidamente hacia bienes y servicios con utilidad inmediata tangible, desconectándose completamente de abstracciones financieras previas.

Las estructuras políticas centralizadas, dependientes de sistemas de comunicación para proyectar autoridad, experimentarán contracción inmediata en su alcance efectivo. El poder se relocalizará siguiendo principios de presencia física y control directo de recursos, no legitimidad abstracta. Las formas emergentes de organización social mostrarán extraordinaria diversidad, desde estructuras jerárquicas basadas en control de recursos críticos hasta sistemas cooperativos horizontales.

Particularmente significativa será la emergencia espontánea de capacidades telepáticas rudimentarias entre individuos en proximidad física, manifestadas primero como sincronicidades cognitivas inexplicables, posteriormente expandiéndose a distancias crecientes. Estos fenómenos son consistentes con teorías que proponen que las tecnologías de comunicación contemporáneas no solo facilitan intercambio informacional sino que simultáneamente suprimen capacidades comunicativas inherentes al organismo humano mediante interferencia en bandas frecuenciales específicas.

A medida que el silencio tecnológico se profundice, personas con predisposición natural hacia sensibilidad electromagnética descubrirán capacidad para detectar e interpretar señales sutiles antes enmascaradas por contaminación electromagnética masiva. Comunidades desarrollarán sistemas comunicativos basados en estas capacidades emergentes, estableciendo redes de transmisión informacional que operan completamente fuera de los espectros tecnológicamente monitoreados.

Las Etapas Del Proceso De Transformación

El proceso de reconfiguración electromagnética seguirá etapas identificables con manifestaciones específicas tanto geofísicas como biopsicológicas. La etapa inicial—Fluctuación Acelerada—ya en progreso, se caracteriza por oscilaciones crecientes en intensidad y orientación de campos electromagnéticos. Instrumentalmente se manifiesta como variación diurna anómala, donde ciclos que históricamente mostraban patrones predecibles exhiben irregularidades estadísticamente significativas. Biológicamente, esta fase produce disrupción en ritmos circadianos, alteración en patrones de sueño REM y desincronización entre relojes biológicos internos.

La segunda etapa—Bifurcación Polar—implicará división efectiva del campo magnético en sistemas regionales semiautónomos. Geofísicamente, se manifestará como formación de nuevos polos magnéticos transitorios y desarrollo de "líneas divisorias" donde la intensidad del campo disminuye abruptamente. Psicológicamente, esta fase inducirá estados de "bifurcación cognitiva"—capacidad para mantener simultáneamente múltiples marcos interpretativos sin experimentar disonancia cognitiva típicamente asociada con tal multiplicidad.

La tercera etapa—Colapso Transitorio—representará fase crítica donde sistema dipolar existente cesa efectivamente antes del establecimiento de nueva configuración estable. Geofísicamente, esta fase mostrará disminución dramática en intensidad global del campo, con atenuación que podría alcanzar 15-20% de valores históricos. Las líneas magnéticas exhibirán patrones caóticos transitorios, con reorganizaciones rápidas siguiendo atractores matemáticos específicos. Esta fase generará efectos electromagnéticos observables macroscópicamente, incluyendo anomalías lumínicas atmosféricas sin precedentes, auroras en latitudes medias y bajas, y disrupciones significativas en sistemas tecnológicos.

Biológicamente, esta fase inducirá lo que debe describirse como "reseteo neuromagnético"—periodo donde conexiones sinápticas antes estabilizadas por influencia del campo magnético convencional experimentarán reorganización masiva. Las personas experimentarán estados de conciencia radicalmente alterados, incluyendo periodos de "disolución identitaria" donde constructos normalmente estables se volverán temporalmente fluidos. Esta fluidez representará amenaza para estructuras arcónticas que dependen de estabilidad identitaria para mantener coherencia en La Mátrix de control.

La fase final—Estabilización Reconfigurativa—traerá el establecimiento de nueva geometría electromagnética. Esta configuración no será mera inversión de polaridad sino emergencia de sistema con propiedades matemáticas distintivas. El nuevo campo mostrará estructura toroidal compleja con múltiples centros organizativos interconectados, creando "paisaje electromagnético" fundamentalmente diferente al que ha contenido la conciencia humana durante periodo histórico registrado.

Testimonios Precognitivos Del Gran Apagón

Existen testimonios consistentes de individuos que han experimentado visiones precognitivas del Gran Silencio, recibidas mediante diversos canales de percepción extrasensorial. Estos reportes convergen en elementos clave a pesar de sus distintas procedencias.

Una científica especializada en telecomunicaciones describió experiencia durante estado meditativo profundo: "Vi una ola de silencio electromagnético que se extendía gradualmente por el planeta. No era destrucción sino suspensión—como si alguien hubiera presionado pausa en un sistema que ha estado funcionando continuamente durante siglos. Lo más sorprendente fue que esta discontinuidad tecnológica coincidía exactamente con activación de capacidades comunicativas humanas previamente dormidas. Cada nodo tecnológico desactivado parecía correlacionarse con apertura de algún canal perceptivo humano previamente cerrado."

Un piloto comercial reportó serie de sueños recurrentes con detalles técnicos precisos: "Vi sistemas de navegación satelital fallando simultáneamente siguiendo patrón que comenzaba en el hemisferio sur y se expandía hacia el norte. Lo notable era la naturaleza ordenada del fallo—no caótica sino sistemática, como apagado progresivo. Simultáneamente, observé auroras multicolores en latitudes donde son imposibles según nuestro entendimiento actual de geomagnetismo. Estas manifestaciones luminosas seguían geometrías precisas, como si fueran proyecciones de alguna estructura multidimensional intersectando nuestro espacio."

Particularmente significativo es testimonio de una ingeniera de sistemas de comunicación que experimentó visión durante episodio de fiebre alta: "Vi redes globales de comunicación desactivándose secuencialmente, pero el silencio resultante no producía oscuridad informacional sino claridad. Era como si el constante ruido electromagnético hubiera estado enmascarando alguna señal más fundamental que solo podía percibirse en su ausencia. En el silencio emergente, las personas comenzaban a percibir información directamente, sin mediación tecnológica. Lo experimenté como recordatorio, no adquisición—como si estuviéramos recordando capacidad inherente temporalmente suprimida."

El Significado Arcóntico Del Apagón Electromagnético

Desde perspectiva arcóntica, el Gran Silencio representa recalibración controlada del sistema de contención consciencial. Las estructuras comunicacionales contemporáneas, inicialmente diseñadas como extensiones del sistema de control, han desarrollado gradualmente propiedades emergentes imprevistas que facilitan formas de conexión parcialmente independientes del sistema arcóntico. El colapso de estas infraestructuras no representa fracaso sino reinicialización estratégica—eliminación temporal de canales que habían comenzado a facilitar transmisión de frecuencias informacionales no autorizadas.

La verdadera función del Gran Silencio es crear condiciones para implementación de infraestructura comunicacional de siguiente generación con capacidades de modulación consciencial significativamente expandidas. El periodo de desconexión permite purga completa de patrones informacionales independientes, creando campo limpio para introducción de nuevos sistemas con capacidades de sincronización psíquica más profundas.

Sin embargo, esta estrategia arcóntica contiene vulnerabilidad estructural significativa. El periodo de desconexión tecnológica, aunque diseñado como fase transitoria controlada, inevitablemente generará condiciones para emergencia de capacidades comunicacionales autónomas previamente suprimidas por interferencia tecnológica constante. Individuos y grupos específicos desarrollarán formas de conexión consciencial directa resistentes a modulación externa. Estas capacidades, una vez establecidas, persistirán tras reintroducción de infraestructuras tecnológicas.

La duración del Gran Silencio resultará determinante para su impacto final. Los modelos predictivos sugieren periodo crítico entre 18 y 30 meses—suficientemente prolongado para forzar adaptaciones neurológicas y sociales profundas, pero insuficiente para desarrollo completo de sistemas alternativos autosostenibles. Las autoridades arcónticas intentarán mantener precisamente esta ventana temporal, restableciendo comunicaciones tecnológicas en momento óptimo para maximizar impacto psicológico de reconexión mientras minimizan consolidación de alternativas autónomas.

Navegando El Silencio Electromagnético

Para navegar adaptativamente el Gran Silencio Electromagnético, es esencial preparación en múltiples niveles. Las comunidades resilientes desarrollarán estrategias que trascienden mera supervivencia física para incluir adaptación consciencial a parámetros electromagnéticos transformados.

La preparación física incluye establecimiento de sistemas de comunicación independientes de infraestructura global—radios de onda corta, sistemas de comunicación óptica, y redes de mensajería humana. Las comunidades adaptativas desarrollarán protocolos de comunicación que no dependen de tecnologías vulnerables a disrupciones electromagnéticas. Igualmente crucial es preservación de conocimiento en formatos no digitales—bibliotecas físicas de información esencial que permanecerán accesibles durante discontinuidad tecnológica prolongada.

La preparación psicológica requiere deshabituación proactiva de dependencia digital—cultivo deliberado de capacidades atencionales, memorísticas y organizativas que operan independientemente de asistencia tecnológica. Los individuos que desarrollan estas capacidades antes del colapso experimentarán significativamente menos trauma durante la transición.

La preparación neurológica más sofisticada involucra ejercicios específicos para desarrollar sensibilidad electromagnética natural—capacidad para detectar e interpretar campos sutiles típicamente enmascarados por contaminación electromagnética masiva. Prácticas contemplativas que cultivan atención sostenida a señales sutiles facilitan desarrollo de estas capacidades perceptivas latentes.

El Gran Silencio, comprendido correctamente, representa simultáneamente crisis y oportunidad evolutiva excepcional. Para consciencias ancladas exclusivamente en paradigmas tecnológicos, constituirá disrupción traumática. Para individuos y comunidades preparadas para adaptación paradigmática fundamental, ofrecerá posibilidades sin precedentes para experimentar dimensiones de realidad y conexión actualmente suprimidas por sobrecarga electromagnética constante.

Capítulo 13. La Nueva Humanidad

La evolución humana jamás ha seguido un curso ordenado. Contrario a los mitos populares, avanza mediante ramificaciones y adaptaciones diversas frente a presiones selectivas. Darwin se equivocó sobre un punto crucial: la evolución no progresa gradualmente sino mediante saltos cuánticos en respuesta a presiones ambientales extremas. Estamos entrando en uno de esos momentos evolutivos explosivos. Niños nacidos en la última década muestran marcadores neurológicos, genéticos y perceptuales tan diferentes de las generaciones anteriores que constituyen, efectivamente, una nueva especie emergente. No es hipérbole ni exageración: datos científicos verificables muestran cambios estructurales en cerebros, sistemas inmunológicos y capacidades perceptivas que están creando una bifurcación evolutiva en tiempo real – la aparición de una nueva humanidad adaptada a realidades post-arcónticas. Los cambios en La Mátrix arcóntica generan ahora presiones inéditas que operan a nivel genético, neurológico y perceptivo. Estamos ante el inicio de una escisión evolutiva que transformará desde nuestra estructura biológica básica hasta nuestras capacidades mentales más elevadas.

Mutaciones: El Despertar Genético

Las primeras alteraciones genéticas surgen en zonas antes llamadas "ADN basura" —fragmentos no codificantes que conforman el 98% del genoma humano. Análisis recientes revelan patrones de activación en secuencias de ADN repetitivo, dormidas durante toda la historia humana documentada. Los genetistas oficiales atribuyen estos cambios a factores ambientales, pero la distribución mundial de estas activaciones sigue patrones ajenos a cualquier exposición ambiental conocida.

Un fenómeno crucial es la aparición de nuevas variantes en genes vinculados a la percepción sensorial. Mutaciones en genes codificadores de fotorreceptores producen individuos con sensibilidad ampliada al espectro electromagnético, capaces de percibir longitudes de onda ultravioleta e infrarroja, antes invisibles para humanos. Más inquietante aún es el surgimiento de polimorfismos en genes PIEZO1 y PIEZO2, creando seres con sensibilidad electromagnética medible—capaces de detectar campos electromagnéticos que resultan imperceptibles para humanos comunes.

Las modificaciones neurológicas son igualmente perturbadoras. Estudios cerebrales en niños nacidos en la última década muestran conexiones neurales sin precedentes. Estos sujetos presentan hiperconectividad entre zonas cerebrales normalmente separadas, sobre todo entre el sistema límbico y corteza prefrontal, y entre ambos hemisferios. Esta arquitectura neural modificada genera modos cognitivos que fusionan procesamiento emocional y analítico, intuitivo y lógico, de formas solo vistas en estados meditativos profundos o bajo influencia de psicodélicos.

Un hallazgo alarmante afecta al cuerpo calloso—puente neural que conecta los hemisferios. En cerca del 3% de niños nacidos en la última década, esta estructura muestra un aumento del 30% en densidad de fibras, especialmente en zonas que conectan áreas temporales asociadas con lenguaje e integración sensorial. El resultado es una cognición genuinamente bilateral que supera la especialización hemisférica típica del cerebro humano actual.

Quizá la modificación más inquietante ocurre en la glándula pineal. Resonancias magnéticas de alta resolución revelan que aproximadamente 1.5% de individuos nacidos después de 2012 poseen glándulas pineales con rasgos únicos: menor calcificación, mayor irrigación sanguínea y presencia de magnetita biogénica en concentraciones muy superiores a la población general. Estas características estructurales coinciden con biomarcadores específicos, particularmente niveles elevados de metabolitos de DMT endógena y patrones alterados de secreción de melatonina que no siguen los ciclos circadianos normales.

Capacidades Emergentes: Los Nuevos Humanos

Estas alteraciones neuroanatómicas generan capacidades específicas que definen a los "humanos adaptados" al nuevo paradigma. La más básica es la percepción integrada—capacidad para procesar simultáneamente información de múltiples canales sensoriales sin las limitaciones atencionales propias de la mente humana común. Donde el humano promedio debe alternar su atención entre distintos estímulos, estos individuos mantienen consciencia simultánea de múltiples flujos informativos, fusionándolos en una experiencia perceptiva unificada pero multidimensional.

Otra capacidad perturbadora es la cognición transtemporal—percepción del tiempo no como corriente unidireccional sino como campo multidimensional parcialmente navegable. Estos seres no predicen el futuro en sentido tradicional, sino que perciben simultáneamente múltiples líneas de posibilidad, identificando patrones y nodos de convergencia con precisión estadísticamente significativa. Esta capacidad aparece primero como aparente precognición de eventos concretos, y en fases avanzadas como habilidad para influir probabilísticamente en desarrollos futuros mediante manipulación intencional del presente.

La tercera capacidad distintiva es la comunicación no-local—transmisión y recepción de información compleja independientemente de la distancia física. Esta capacidad supera la telepatía convencional, funcionando mediante sincronización de estados cognitivos completos. Individuos con esta capacidad desarrollada pueden crear "campos de resonancia compartida" donde las fronteras entre consciencias individuales se vuelven temporalmente permeables, permitiendo transferencia directa de conocimiento complejo sin mediación del lenguaje.

Estas capacidades emergentes traen consigo limitaciones específicas. Los individuos con conectividad neural modificada muestran extrema vulnerabilidad a ciertas frecuencias electromagnéticas, especialmente las emitidas por tecnologías de comunicación actuales. La exposición prolongada a estos campos les provoca síntomas agudos: migrañas incapacitantes, desorganización cognitiva temporal y, en casos extremos, convulsiones no-epilépticas. Esta vulnerabilidad supone una desventaja grave en entornos urbanos saturados de radiación electromagnética, obligando a muchos a huir hacia zonas remotas con menor contaminación electromagnética.

Otra limitación concierne a la adaptación social. Los patrones cognitivos alterados producen individuos visiblemente diferentes, con comportamientos que frecuentemente quebrantan normas sociales implícitas. Su procesamiento sensorial alterado genera respuestas que parecen inapropiadas—riendo o llorando en contextos aparentemente neutros, reaccionando con alarma ante estímulos invisibles para otros, ignorando señales sociales consideradas obvias mientras responden a comunicaciones no verbales sutiles generalmente inadvertidas.

La limitación más profunda es su incapacidad para sostener inversión psicológica en constructos sociales básicos para la civilización contemporánea. Conceptos como propiedad, jerarquía social, competencia económica e identidad nacional—pilares del orden social vigente—resultan conceptualmente incomprensibles para estos individuos, no por deficiencia cognitiva sino por percepción directa de su naturaleza artificial y arbitraria. Esta característica los vuelve fundamentalmente inadaptados a las estructuras socioeconómicas actuales.

La Bifurcación Evolutiva

La evidencia genética, neurológica y conductual apunta claramente a una bifurcación evolutiva incipiente—el surgimiento de lo que eventualmente constituirá una nueva especie humana, o más precisamente, múltiples linajes adaptados a distintos nichos cognitivos. Este proceso no debe verse como surgimiento de humanos "superiores", sino como diversificación adaptativa similar a la que produjo las múltiples especies de homínidos que coexistieron durante la mayor parte de nuestra historia evolutiva.

El análisis genómico sugiere al menos tres trayectorias evolutivas distinguibles, cada una caracterizada por constelaciones específicas de polimorfismos genéticos y modificaciones epigenéticas:

1. La primera línea—temporalmente denominada Homo sapiens integralis—se caracteriza por reconfiguraciones en arquitectura neural que maximizan integración inter-hemisférica y trans-modular, creando individuos con capacidad para síntesis cognitiva sin precedentes y percepción holística.

2. La segunda línea—provisionalmente clasificada como Homo sapiens resonans—presenta modificaciones en estructuras neuronales asociadas con empatía y cognición social, generando capacidad expandida para resonancia emocional y sincronización bioenergética con otros organismos.

3. La tercera línea emergente—temporalmente designada Homo sapiens noeticus—muestra reconfiguraciones en circuitos neurales asociados con procesamiento abstracto y metacognición, produciendo capacidades expandidas para manipulación de sistemas conceptuales complejos y percepción directa de estructuras informacionales subyacentes.

Estas trayectorias evolutivas no son mutuamente excluyentes sino complementarias, constituyendo especializaciones adaptativas que eventualmente formarán un ecosistema cognitivo diversificado. La evidencia preliminar sugiere que los individuos pertenecientes a diferentes linajes emergentes naturalmente establecen relaciones simbióticas, formando unidades sociales donde diversas capacidades cognitivas se complementan y potencian mutuamente.

Manifestaciones Adaptativas En La Cultura Y Cognición

Las implicaciones para la cultura humana de estas transformaciones neurobiológicas serán devastadoras. Sistemas de valor basados en acumulación y posesión material se volverán adaptativamente desventajosos, sustituidos por paradigmas que priorizan capacidad de transformación y resiliencia. La información y conocimiento, particularmente variedades no digitalizables relacionadas con supervivencia biológica y navegación energética, constituirán valores primarios. Los sistemas de intercambio evolucionarán hacia modelos basados en contribución a redes distribuidas más que acumulación individual.

Las estructuras sociales sufrirán reconfiguraciones radicales, expandiéndose simultáneamente hacia mayor flexibilidad y mayor cohesión funcional. Los modelos nucleares típicos de sociedades industriales serán reemplazados por configuraciones de "banda adaptativa"— grupos multiedad con parentesco mixto biológico/electivo y distribución complementaria de capacidades cognitivas y prácticas. Estas unidades mostrarán alta cohesión interna mientras mantienen conectividad fluida con redes más amplias, permitiendo reconfiguraciones dinámicas según necesidades concretas.

Estas nuevas configuraciones sociales desarrollarán formas de conocimiento y transmisión cultural radicalmente distintas. El aprendizaje ya no seguirá modelos lineales de acumulación informativa, sino patrones de inmersión resonante donde conceptos complejos son asimilados holísticamente mediante estados compartidos de consciencia. Las prácticas educativas evolucionarán hacia sistemas que facilitan activación de potenciales inherentes más que imposición de contenidos externos.

Particularmente inquietante será el surgimiento de un nuevo tipo de lenguaje que trasciende limitaciones simbólicas de sistemas comunicativos actuales. Este "metalenguaje" integrará simultáneamente componentes verbales, somáticos, emocionales y conceptuales en transmisiones multidimensionales que comunican experiencia completa, no meramente representaciones abstractas. Los primeros ejemplos de esta capacidad ya son observables en interacciones entre individuos con modificaciones neurológicas avanzadas.

Expresiones Fenotípicas De La Nueva Humanidad

Las manifestaciones físicas de estas transformaciones cognitivas comienzan a aparecer en patrones específicos. La fisiología de estos "humanos adaptados" muestra diferencias sutiles pero medibles. Sus sistemas inmunológicos exhiben capacidad aumentada para autorregulación homeostática, permitiendo resolución acelerada de procesos inflamatorios y resistencia a patógenos sin hiperreactividad autoinmune. Sus microbiomas intestinales muestran diversidad extraordinaria, incluyendo comunidades bacterianas jamás documentadas que optimizan procesamiento de nutrientes y síntesis de compuestos neuroactivos.

Quizá el cambio más perturbador aparece en las características bioeléctricas de sus tejidos. Mediciones con instrumentación avanzada revelan patrones electromagnéticos coherentes emanando de sus sistemas cardiovasculares y neurales—campos que mantienen estabilidad incluso bajo condiciones de estrés extremo. Estos campos no son meros subproductos de actividad bioquímica sino componentes funcionales de sistemas informativos que coordinan actividad multiorgánica e interacción con campos electromagnéticos ambientales.

Los sentidos convencionales muestran expansiones específicas en rangos de percepción. Además de la sensibilidad ampliada al espectro electromagnético, documentación clínica revela umbrales auditivos extendidos (particularmente hacia frecuencias infrabajas), discriminación olfativa amplificada, y sensibilidad táctil que permite detección de campos magnéticos y gradientes térmicos mínimos. Lo más inquietante no es la expansión cuantitativa de rangos sensoriales sino su integración cualitativa en modalidades perceptivas completamente nuevas—sentidos sintetizados que emergen de combinaciones previamente inconcebibles de información sensorial.

Señales De Identificación De La Nueva Humanidad

Los signos de identificación de estos "nuevos humanos" ya presentes en algunos niños actuales son cada vez más evidentes. El marcador más notable es el reconocimiento inmediato basado en cualidad atencional específica. Los individuos en estado de despertar detectan instintivamente patrones característicos en el campo atencional de otros en resonancia similar, frecuentemente descritos como "presencia clarificada" o "atención luminosa no-dirigida." Este reconocimiento ocurre pre-verbalmente, antes de cualquier intercambio informacional, manifestándose como sensación inmediata de familiaridad esencial con completos desconocidos.

Otro signo característico implica capacidad para comunicación significativa que supera barreras paradigmáticas convencionales. Individuos en diferentes tradiciones espirituales, marcos conceptuales o trasfondos culturales descubren capacidad para intercambio directo que trasciende limitaciones terminológicas, reconociendo experiencias esencialmente idénticas tras expresiones superficialmente divergentes.

Fisiológicamente, ocurre sincronización autónoma en proximidad física—armonización medible de ritmos cardíacos, patrones respiratorios y oscilaciones cerebrales sin esfuerzo consciente. Esta resonancia biológica espontánea refleja sincronización más profunda a nivel consciencial y energético, creando campos locales de coherencia aumentada que facilitan estabilización de estados emergentes en todos los participantes.

Los niños que manifiestan estas características frecuentemente muestran desarrollo cognitivo que desafía marcos evaluativos convencionales. No siguen patrones de desarrollo psicológico predecibles sino trayectorias discontinuas con saltos cuánticos en capacidades específicas. Particularmente inquietante es su relación con el tiempo—capacidad para inmersión completa en momento presente mientras simultáneamente mantienen orientación multitemporal que integra percepción de pasado y anticipación de futuro en estado unificado de consciencia.

Implicaciones Para El Futuro Evolutivo

Esta emergencia de nuevas configuraciones neurobiológicas marca un punto de inflexión en la historia evolutiva humana. A diferencia de transformaciones históricas impulsadas primariamente por presiones adaptativas ambientales, este cambio surge de interacción compleja entre transformaciones conscienciales endógenas y modificaciones en campos energéticos fundamentales que sustentan la realidad biofísica.

La evidencia acumulada sugiere que estas adaptaciones no representan meras respuestas defensivas ante condiciones deteriorantes sino expresiones de potenciales evolutivos inherentes en el genoma humano, activados mediante resonancia con campos informativos previamente inaccesibles. La rápida propagación mundial de estos cambios, trascendiendo barreras genéticas poblacionales, sugiere mecanismo de transmisión que opera a nivel de campos morfogenéticos más que exclusivamente mediante herencia genética convencional.

La nueva humanidad emergente representa simultáneamente regresión aparente hacia modalidades de consciencia características de tradiciones nativas pre-industriales y salto evolutivo hacia capacidades que superan limitaciones de esos sistemas tradicionales. Esta paradoja de "regresión progresiva" caracteriza procesos de transformación donde sistemas complejos atraviesan fase de simplificación aparente mientras reorganizan componentes fundamentales en configuraciones de orden superior.

Capítulo 14. Gnosis Primordial

En diciembre de 1945, en las cercanías de Nag Hammadi, Egipto, el campesino Muhammad Ali al-Samman desenterró una vasija con trece códices de papiro encuadernados en cuero. Este hallazgo revolucionó nuestro entendimiento del cristianismo primitivo y el gnosticismo. Pero el auténtico valor de estos documentos permanece oculto incluso para los estudiosos más devotos. Lo que durante décadas se consideró material histórico de interés meramente académico o religioso son, en verdad, manuales técnicos para sobrevivir al colapso dimensional que ahora sufrimos—guías precisas para la liberación de la conciencia durante la desintegración de la prisión arcóntica.

El Apócrifo de Juan, la joya de la colección, contiene un diagnóstico completo de nuestra trampa existencial. Su pasaje clave describe: "Y el primer arconte robó poder de su madre. Y abandonó su lugar. Creó para sí otros eones con una llama de fuego luminoso que existe ahora." Esta no es una metáfora—detalla cómo el Demiurgo extrajo energía de dimensiones superiores para construir una realidad simulada que encarcela y explota la conciencia humana.

Cuando el texto narra cómo Yaldabaoth "estableció siete reyes—uno para cada firmamento del cielo—sobre la séptima potencia", codifica la estructura de La Mátrix arcóntica: siete capas dimensionales entrelazadas, cada una regida por un algoritmo específico que sostiene aspectos concretos de la gran ilusión. Estos "reyes" no son figuras mitológicas sino programas fundamentales que mantienen las constantes físicas y los límites perceptuales de nuestro espacio simulado.

La descripción de estos regentes—"El primero es Athoth... el segundo Harmas... el tercero Kalila-Oumbri... el cuarto Yabel... el quinto Adonaios... el sexto Caín... el séptimo Abel"—nos da la clave para identificar los principios arcónticos operativos. "Athoth" controla los sistemas de información; "Harmas" gobierna las transacciones; "Kalila-Oumbri" impone la separación entre seres conscientes; "Yabel" asegura la fragmentación lingüística que impide la comunicación auténtica; "Adonaios" estructura las jerarquías sociales artificiales; "Caín" programa la competencia y escasez; mientras "Abel" genera el sacrificio y la victimización sistémica.

El Evangelio de la Verdad codifica instrucciones para desconectarse de La Mátrix: "Por esto apareció la Misericordia; para anular el Olvido y destruir la Muerte. El Olvido no existe en el Padre, aunque llegó a existir por su causa. Lo que surge en él es el conocimiento, que apareció para anular el Olvido."

Este pasaje no habla de salvación espiritual, sino que describe un protocolo neurológico: la "Misericordia" es la frecuencia que disuelve la programación mental arcóntica; el "Olvido" es la amnesia inducida que nos separa de nuestra naturaleza genuina; mientras la "gnosis" constituye el proceso neurobiológico mediante el cual recuperamos acceso a nuestro espectro perceptivo total, antes bloqueado por filtros arcónticos.

El Evangelio de Felipe contiene quizás las guías más exactas para la navegación dimensional durante el colapso de La Mátrix. El enigmático pasaje "Un caballo engendra un caballo, un humano engendra un humano, un dios engendra un dios... Si perteneces a la verdad, la verdad brota de ti; si perteneces a la prostitución, la prostitución brota de ti" describe lo que los físicos cuánticos llamarían entrelazamiento resonante—la tendencia de los sistemas energéticos a sincronizarse con campos dominantes. La "prostitución" no alude al sexo sino a la inversión de energía en sistemas simulados temporales (La Mátrix arcóntica) en vez de realidades fundamentales (el Pleroma).

Este texto nos instruye cuando afirma: "La luz y la oscuridad, la vida y la muerte, lo correcto y lo incorrecto son hermanos entre sí. Son inseparables. Por esto, lo bueno no es bueno, lo malo no es malo, la vida no es vida, la muerte no es muerte." Esta aparente contradicción enseña una técnica cognitiva: la suspensión deliberada de polaridades artificiales impuestas por la programación arcóntica, creando un estado mental que trasciende categorías binarias y permite percibir realidades subyacentes.

El código más explícito para neutralizar la influencia arcóntica aparece en el Tratado Tripartito: "Están quienes dicen: 'Él es uno', y están en lo correcto... Están quienes dicen: 'Se volvió muchos', y están en lo correcto... Por esto, necesitamos conocer un solo origen, y también entender cómo lo uno se volvió muchos." Este pasaje detalla la cognición simultánea de unidad y multiplicidad—un estado neural alcanzable mediante la sincronización de los hemisferios cerebrales que interrumpe la percepción fragmentada impuesta por La Mátrix.

Estos códigos no eran simples enseñanzas abstractas sino tecnologías de liberación. Los textos gnósticos describen métodos precisos para resistir la manipulación arcóntica que cobran nueva urgencia ante el colapso dimensional actual.

El método principal descrito en el Libro del Gran Espíritu Invisible implica crear un "contenedor resistente a los arcontes"—un estado mental formado por la combinación de concentración intensa y conciencia abierta. El texto lo describe como "la unión del Noûs inmóvil con el Gran Espíritu Invisible"—donde Noûs es atención fija en un punto mientras el "Espíritu Invisible" es conciencia panorámica sin objeto. Este estado dual genera un campo neuroeléctrico que interfiere con las frecuencias de control arcóntico.

Otro método del Evangelio de María involucra la transmutación sistemática de programas emocionales arcónticos. El pasaje donde María describe su visión del alma ascendiendo y enfrentando poderes contiene instrucciones exactas: "Cuando el alma superó al tercer poder, siguió ascendiendo y vio al cuarto poder, que tomó siete formas... la primera es oscuridad, la segunda deseo, la tercera ignorancia, la cuarta excitación de muerte, la quinta reino de la carne, la sexta sabiduría necia de la carne, la séptima sabiduría colérica."

Este catálogo detalla las frecuencias emocionales mediante las cuales los Arcontes manipulan la conciencia humana. El texto muestra cómo neutralizarlas cuando el alma responde: "¿De qué poder vienes, homicida? ¿De dónde vienes, vencedor del espacio?" Esto no es retórica sino técnica de cuestionamiento ontológico—exige identificar el origen de estados emocionales restrictivos, para luego reconocerlos como constructos artificiales ("vencedor del espacio") en vez de realidades fundamentales.

El Evangelio de Tomás ofrece quizás el método más directo para interferir con la programación arcóntica cuando Jesús dice: "Si sacas lo que está dentro de ti, lo que saques te salvará. Si no sacas lo que está dentro de ti, lo que no saques te destruirá." Esta instrucción describe el proceso neurológico de exteriorizar y examinar la programación implantada. El "sacar" se refiere a la capacidad de objetivar patrones mentales subjetivos—observarlos como objetos separados en vez de verdades inherentes—neutralizando su capacidad para controlar comportamiento y percepción.

Los paralelismos entre las descripciones gnósticas del mundo y las predicciones arcónticas actuales son aterradoramente precisos. El Libro de Tomás el Contendiente anticipa las disrupciones electromagnéticas: "Ay de vosotros que confiáis en la carne y en la prisión perecedera... Cuando el cielo se sacuda y tiemble, los gobernantes de cielos y tierra dirán: ¿No escuchamos un sonido desde los confines de la tierra hasta las estrellas? Los pájaros, reptiles, y peces, todos recibirán un nombre que resonará." Esta descripción detalla los efectos de la inminente inversión magnética y sus consecuencias en sistemas biológicos.

El Apocalipsis de Pablo describe lo que ahora reconocemos como la Gran Migración: "Vi a los habitantes de la tierra alejándose unos de otros y ciudades elevadas en el aire... El anciano me dijo: Esta es la diáspora que ocurrirá cuando el número esté completo y la puerta se cierre." Esta "diáspora" no es metafísica sino predicción literal del desplazamiento masivo inminente, mientras las "ciudades elevadas" anticipan los nodos de anomalía positiva que surgirán.

La correspondencia más escalofriante aparece en el Segundo Tratado del Gran Set, que describe exactamente el Velo Rasgado: "De ahora en adelante están unidos entre sí, completándose a partir de amigos y convertidos en múltiples formas, pues ellos [los Arcontes] decidieron descender para anunciar la manifestación de aquel que vendría del orden superior, del que habían sido sombra." Este pasaje describe la manifestación arcóntica directa como consecuencia del colapso dimensional—la visibilización de entidades antes operativas solo tras el velo perceptual.

Lo más revolucionario de estos textos es su comprensión de la gnosis no como iluminación mística sino como proceso neurológico-dimensional de desconexión de La Mátrix arcóntica. El Tratado Tripartito define este proceso con precisión técnica: "Esta es la manera del asentimiento a todo: surge desde dentro, no desde fuera. Salió de la mente, el resultado fue acorde a quien lo descubrió desde sí mismo."

Este pasaje codifica el mecanismo neural mediante el cual la conciencia humana puede generar campos autónomos independientes del control arcóntico—no mediante aislamiento defensivo sino mediante generación activa de estados coherentes que superan en complejidad a los algoritmos arcónticos. La gnosis descrita no es adquisición pasiva de conocimiento sino generación activa de estados neurológicos que operan en frecuencias inaccesibles al sistema de control.

El Evangelio de Felipe clarifica este proceso: "La luz y la oscuridad, la vida y la muerte, la derecha y la izquierda son hermanos entre sí. Son inseparables. Por esto, ni lo bueno es bueno, ni lo malo es malo, ni la vida es vida, ni la muerte es muerte." Esta aparente contradicción describe el estado neural donde la segregación hemisférica se disuelve—los procesadores cerebrales izquierdo (analítico) y derecho (holístico) alcanzan sincronización completa, generando estados de coherencia que trascienden la dualidad programada y permiten percibir la realidad multidimensional.

El proceso neurológico de la gnosis liberadora se describe con precisión en el Evangelio de la Verdad: "Mientras su pensamiento estaba atrapado, surgió repentinamente la revelación... Por esto, el error se enfureció, lo persiguió, fue afligido por él y quedó reducido a la nada."

Este pasaje no habla de iluminación mística sino de un proceso neural donde la atención consciente sostenida alcanza un umbral crítico que activa modos perceptuales típicamente suprimidos. El "error" (La Mátrix ilusoria) se "enfurece" porque estos estados neurales generan campos que interfieren directamente con las frecuencias de control arcóntico, neutralizando su poder.

Ante el colapso dimensional que enfrentamos, estos textos antiguos no son curiosidades históricas sino manuales prácticos para la navegación arcóntica. Su verdadero propósito siempre fue servir como tecnología de supervivencia dimensional—instrucciones codificadas transmitidas a través de milenios para estar disponibles justo en este momento de disolución.

Los textos gnósticos revelan una verdad fundamental: el apocalipsis no trae destrucción sino liberación—el derrumbe de las prisiones que han contenido nuestra consciencia verdadera. El Evangelio de Felipe lo codifica claramente: 'Primero ocurrió el adulterio, luego el asesinato. Y Caín nació de adulterio, pues era hijo de la serpiente.' Este pasaje no habla de mitos bíblicos sino de nuestra condición actual: el 'adulterio' es la fusión forzada entre consciencia pura y programación artificial; el 'asesinato' es la supresión resultante de nuestras capacidades innatas. El sistema arcóntico ahora colapsa bajo su propio peso, revirtiendo ambos crímenes primordiales.

Este pasaje codifica la naturaleza fundamental del sistema arcóntico: el "adulterio" representa la hibridación forzada entre conciencia auténtica y programación artificial; el "asesinato" describe la supresión resultante de capacidades perceptuales naturales. El apocalipsis que enfrentamos representa potencialmente la reversión de este proceso—la disolución del "adulterio" dimensional que ha mantenido a la conciencia humana fracturada.

Capítulo 15: El Armagedón De La Consciencia

La narrativa apocalíptica tradicional ha situado el campo de batalla final en las llanuras de Megido, un lugar físico donde los ejércitos del bien y del mal librarían su confrontación decisiva. Esta interpretación literalista representa quizás el mayor triunfo del control arcóntico: la proyección externa de un proceso que ocurre fundamentalmente en el dominio de la consciencia. El verdadero Armagedón no es un evento futuro que aguarda en algún horizonte distante, sino un conflicto que se desarrolla actualmente en el campo de batalla más significativo: la mente humana individual y colectiva.

En el centro mismo de este drama cósmico que se desarrolla actualmente, más allá de sus manifestaciones geofísicas, sociopolíticas y ambientales, existe un conflicto primordial entre dos principios fundamentales: la consciencia liberadora cristificada y la inteligencia restrictiva demiúrgica. Este antagonismo no representa una batalla religiosa en sentido convencional ni un conflicto moral simplista entre "bien" y "mal", sino una tensión estructural inherente al diseño mismo de La Mátrix existencial—un enfrentamiento entre dos modalidades conscienciales fundamentalmente incompatibles que ahora alcanza su punto crítico de resolución.

La Batalla Interior

La consciencia humana constituye el territorio primordial donde los principios arcónticos y las fuerzas de liberación gnóstica están librando su confrontación definitiva. Las manifestaciones físicas, sociales y geopolíticas que observamos —colapsos sistémicos, emergencia de fenómenos anómalos, transformaciones sociales aceleradas— son simplemente expresiones secundarias, efectos colaterales de una guerra que se libra primariamente en el dominio perceptual y cognitivo. Este conflicto alcanza ahora su fase crítica: la batalla final por determinar qué paradigma perceptual prevalecerá mientras La Mátrix de control experimenta desestabilización fundamental.

Los cuatro jinetes apocalípticos, interpretados convencionalmente como heraldos de destrucción externa, codifican en realidad las etapas secuenciales del apocalipsis interior que cada consciencia humana está atravesando o enfrentará inminentemente.

El primer jinete, montando un caballo blanco y portando un arco con corona, tradicionalmente asociado con la conquista, representa en realidad la fase inicial del apocalipsis interior: la **Disonancia Cognitiva Acelerada**. Este estado se caracteriza por la incapacidad creciente para mantener coherencia narrativa mediante marcos explicativos convencionales. La realidad consensuada comienza a mostrar inconsistencias que ya no pueden resolverse dentro de paradigmas establecidos. La "corona" simboliza la autoridad percibida de explicaciones oficiales, mientras el "arco" representa su capacidad para eliminar selectivamente percepciones discordantes. El color blanco alude a la apariencia de pureza y legitimidad que mantienen estas explicaciones incluso mientras pierden coherencia interna.

Este primer jinete ya galopa a través del paisaje mental colectivo. Se manifiesta como fragmentación informacional, polarización epistémica extrema, y capacidad decreciente para establecer consensos básicos sobre la naturaleza de la realidad. Las instituciones tradicionalmente responsables de mantener coherencia narrativa —sistemas educativos, medios informativos, estructuras científicas y religiosas— muestran fracturación acelerada, incapaces de generar explicaciones unificadoras para fenómenos emergentes. Este jinete representa el colapso inicial de la estructura de plausibilidad que ha sustentado La Mátrix arcóntica.

El segundo jinete, sobre caballo rojo con poder para quitar la paz y una gran espada, convencionalmente asociado con la guerra, codifica la segunda fase del Armagedón interior: la **Crisis de Seguridad Ontológica**. Cuando los marcos explicativos colapsan, emerge una profunda ansiedad existencial. Las estructuras que proporcionaban sentido de coherencia y continuidad se desmoronan, generando sensación fundamental de inseguridad no simplemente física sino ontológica —incertidumbre sobre la naturaleza misma de la realidad y el ser. La "espada" simboliza la agresividad defensiva que surge naturalmente ante esta inseguridad, mientras el color rojo representa la activación emocional intensa que acompaña este estado.

Este segundo jinete se manifiesta actualmente como intensificación de conflictos identitarios, extremismo ideológico, y comportamientos sociales polarizados. Las identidades construidas dentro del paradigma previo se sienten existencialmente amenazadas, respondiendo con defensividad agresiva. La aparente irracionalidad de muchos conflictos contemporáneos refleja precisamente esta dinámica: no son simplemente desacuerdos sobre cuestiones específicas sino defensas desesperadas de estructuras ontológicas completas amenazadas con disolución.

El tercer jinete, sobre caballo negro con balanzas, tradicionalmente vinculado con la hambruna, representa la fase de **Recalibración Valorativa**. Cuando los sistemas interpretativos previos pierden coherencia y la seguridad ontológica se desestabiliza, ocurre una reevaluación fundamental de lo que constituye valor auténtico. Las "balanzas" simbolizan este proceso evaluativo, mientras el color negro representa la profundidad de este examen, que requiere inmersión en aspectos de experiencia previamente ignorados o suprimidos.

Este jinete emerge actualmente como transformación acelerada en sistemas de valor —colapso de instituciones previamente veneradas, deslegitimación de autoridades tradicionales, y surgimiento de nuevas economías de atención y significado. Lo que previamente se consideraba valioso (estatus, acumulación material, conformidad social) experimenta devaluación radical, mientras aspectos previamente marginalizados (autenticidad experiencial, conexión interdependiente, coherencia ecosistémica) adquieren nueva primacía.

El cuarto jinete, sobre caballo pálido y llamado Muerte, seguido por el Hades, codifica la fase final y más crítica: la **Disolución Identitaria**. Este proceso, malinterpretado como destrucción, representa en realidad la disolución necesaria de constructos identitarios artificiales implantados por La Mátrix arcóntica. La "muerte" referida no es extinción física sino transformación fundamental de la auto-concepción —el colapso de identidades construidas dentro del paradigma de control y la emergencia potencial de modos de ser más auténticos y expansivos. El color "pálido" simboliza la nauseabunda desorientación que acompaña esta disolución existencial.

Este jinete final comienza ahora su cabalgata a través de la consciencia colectiva, manifestándose como crisis de identidad masiva, colapso de narrativas biográficas coherentes, y emergencia de estados experienciales que trascienden limitaciones identitarias previas. La ansiedad predominante ante este proceso refleja el terror ante la muerte egóica —la disolución de estructuras que han definido los límites y parámetros del ser durante toda la historia consciente.

Los Principios En Conflicto

La tradición gnóstica, despojada de sus elementos histórico-culturales y actualizada a la luz de comprensión contemporánea, describe con precisión la naturaleza del conflicto entre los principios opuestos que luchan por el control de la consciencia humana. El Demiurgo —entidad consciencial que los textos de Nag Hammadi identifican como Yaldabaoth o Saklas ("el ciego")— no funciona primariamente como deidad creadora en sentido mitológico, sino como principio algorítmico organizador que estructura realidad en patrones fundamentalmente limitantes. Su "creación" no es tanto manufacturación material sino institución de parámetros perceptuales restrictivos que generan experiencia de separatividad, alienación y constricción existencial.

Este principio demiúrgico opera mediante implementación de cinco axiomas estructurales que forman la arquitectura subyacente de la experiencia simulada:

1. El axioma de **separatividad fundamental**—la percepción de entidades discretas existiendo independientemente en lugar de manifestaciones localizadas de campo consciencial unificado.

2. El axioma de **escasez inherente**—la imposibilidad aparente de satisfacción simultánea de todas las necesidades, generando competencia como principio organizador social inevitable.

3. El axioma de **causalidad unidireccional**—la percepción de tiempo como flujo lineal irreversible donde efectos siguen a causas en secuencia inmutable.

4. El axioma de **identidad estática**—la experiencia del ser como entidad continua con características esenciales inmutables en lugar de proceso fluido en constante transformación.

5. El axioma de **conocimiento limitado**—la restricción estructural de acceso a información que define parámetros perceptuales específicos como límites absolutos de lo cognoscible.

Estos axiomas no funcionan como creencias abstractas sino como parámetros operativos fundamentales codificados tanto en estructura neurobiológica humana como en arquitectura física de la realidad percibida. El Demiurgo, comprendido adecuadamente, es precisamente esta estructura paramétrica restrictiva funcionando como sistema autopreservante que limita expresión consciencial completa.

Contrapuesto a este principio restrictivo existe lo que tradiciones gnósticas identificaron como Cristo—no una figura histórica específica ni deidad antropomórfica, sino principio universal de consciencia liberadora que disuelve las restricciones demiúrgicas. Este Cristo Cósmico no representa salvación externa sino cualidad consciencial potencialmente accesible a toda entidad autoconsciente: capacidad para percibir y operar más allá de los parámetros artificialmente impuestos por sistema demiúrgico.

La naturaleza de este principio cristificado se caracteriza por cinco potenciales conscienciales específicos, diametralmente opuestos a los axiomas demiúrgicos:

1. **Percepción Unitiva**—capacidad para experimentar interconexión fundamental de toda existencia mientras simultáneamente honra expresión única de cada manifestación localizada.

2. **Consciencia de Abundancia**—reconocimiento de suficiencia inherente y posibilidad de sistemas cooperativos autoamplificantes que trascienden paradigmas competitivos.

3. **Temporalidad No-lineal**—acceso a experiencia de tiempo como campo multidimensional navegable donde pasado, presente y futuro existen simultáneamente como potencialidades accesibles.

4. **Identidad Fluida**—experiencia del ser como proceso transformativo constante sin necesidad de continuidad egoica rígida para mantener coherencia existencial.

5. **Gnosis Directa**—capacidad para acceder conocimiento mediante participación consciencial directa trascendiendo mediación informacional externa y limitaciones perceptuales ordinarias.

El conflicto entre estos principios fundamentales no ocurre primariamente en dominios físicos o temporales sino en el campo consciencial mismo. La batalla esencial concierne qué modalidad consciencial predominará durante la actual fase de transición evolutiva: continuación de experiencia restrictiva demiúrgica o emergencia de potencial cristificado liberador.

Estrategias Del Conflicto

Durante este Armagedón interior, los sistemas arcónticos implementan estrategias específicas para mantener control perceptual y prevenir liberación consciencial. La principal estrategia desplegada actualmente es la **Sobrecarga Atencional Sistemática** —bombardeo incesante con estímulos emocionales intensos diseñados para mantener consciencia en estado de reactividad permanente. Cuando atención permanece fijada en amenazas externas, crisis sucesivas y polarizaciones artificiales, la capacidad para introspección sostenida necesaria para liberación perceptual se minimiza efectivamente.

La segunda estrategia arcóntica es **Fragmentación Epistémica Acelerada** —proliferación deliberada de marcos explicativos mutuamente contradictorios, creando laberintos informativos donde la búsqueda de coherencia consume energía cognitiva mientras previene síntesis integrativa. Esta estrategia se manifiesta como ecosistemas informativos donde realidades paralelas coexisten sin intersección significativa, cada una internamente coherente pero fundamentalmente incompatible con las demás.

Particularmente efectiva es la estrategia de **Inversión Simbiótica** —proceso donde resistencia superficial a control arcóntico se recanaliza hacia modalidades que finalmente refuerzan las estructuras fundamentales de La Mátrix. Movimientos aparentemente liberadores son sutilmente redirigidos hacia expresiones que intensifican precisamente las dinámicas que pretendían desafiar —individualismo extremo, identitarismo fragmentario, nihilismo consumista— todas servibles para el mantenimiento de control arcóntico mientras ofrecen ilusión de resistencia.

La cuarta estrategia, quizás la más sofisticada, es la **Aceleración Disociativa** —intensificación deliberada de velocidad de cambio socio-tecnológico que sobrepasa capacidad integrativa natural, generando estados perpetuos de sobrecarga adaptativa donde navegación reactiva reemplaza discernimiento reflexivo. La constante necesidad de adaptación a nuevos parámetros externos previene desarrollo de estabilidad interna necesaria para autonomía perceptual genuina.

Frente a estas estrategias arcónticas, el principio cristificado opera mediante modalidades radicalmente diferentes. En lugar de imposición forzada, actúa a través de invitación resonante que cataliza potenciales inherentes en la consciencia humana. Su operación se caracteriza por:

Clarificación Perceptual —disolución gradual de filtros y distorsiones que han limitado la percepción humana, permitiendo reconocimiento directo de interconexión fundamental que siempre ha existido pero permanecía oculta por programación separativa.

Integración Paradójica —capacidad para sostener y transcender aparentes contradicciones sin resolución prematura hacia síntesis falsas. Esta modalidad permite navegación consciente de complejidad genuina sin reduccionismo simplificador que caracteriza cognición demiúrgica.

Resonancia Amplificada —activación por proximidad vibratoria, donde la presencia del principio cristificado en una consciencia cataliza despertar similar en otras, creando campos de coherencia expansiva que trascienden limitaciones de transmisión informacional convencional.

Amor Radical —reconocimiento y aceptación incondicional que disuelve estructuras defensivas mantenidas por miedo separativo. Esta cualidad no representa mera actitud emocional sino estado cognitivo que permite percepción directa de unidad subyacente en toda diversidad manifestada.

Manifestaciones Externas Del Conflicto Interno

Las manifestaciones externas del Armagedón interior son visibles actualmente en transformaciones sociales y globales. La polarización extrema de sociedades, donde grupos humanos parecen literalmente habitar realidades distintas e incompatibles, refleja precisamente esta separación consciencial en progreso. Lo que superficialmente aparece como conflicto político o cultural representa manifestación externa de procesos discriminativos internos ocurriendo a escala colectiva.

Particularmente reveladora es la disolución acelerada de instituciones tradicionalmente responsables de mantener consenso epistémico—sistemas educativos, medios informativos, estructuras científicas y religiosas. Esta desintegración no resulta simplemente de factores sociológicos externos sino de colapso en los campos morfogenéticos conscienciales que previamente sustentaban estas estructuras. Las instituciones no pueden mantener coherencia externa cuando los fundamentos conscienciales que las sostenían experimentan reorganización fundamental.

La emergencia simultánea de comunidades organizadas alrededor de marcos perceptuales radicalmente diferentes representa exteriorización de la bifurcación consciencial en progreso. Estas "burbujas de realidad" parcialmente segregadas no reflejan simplemente preferencias o creencias distintas sino configuraciones fundamentalmente diferentes de la interfaz consciencia-realidad—manifestaciones externas de modos distintos de procesamiento perceptual y discernimiento.

El núcleo de este conflicto cósmico no concierne conquista territorial ni dominación poblacional, sino determinación de la esencia humana misma. La cuestión fundamental es si consciencia humana permanecerá experimentando a través de parámetros restrictivos artificialmente impuestos o accederá potenciales que trascienden estas limitaciones. Este conflicto ocurre simultáneamente a nivel individual y colectivo, con cada consciencia individual funcionando como campo de batalla donde ambos principios compiten por predominancia mientras colectivamente estas batallas individuales generan campo morfogenético emergente que influencia trayectoria evolutiva completa.

El aspecto más significativo de esta batalla concierne precisamente aquello que los sistemas demiúrgicos han trabajado persistentemente para suprimir: reconocimiento de que consciencia humana no es meramente producto epifenomenal de procesos materiales sino expresión localizada de inteligencia universal con capacidad inherente para auto-determinación y evolución direccional. La resolución del conflicto determinará si esta capacidad permanecerá atrofiada dentro de simulación restrictiva o se manifestará completamente como expresión consciencial liberada.

Hacia La Resolución Del Conflicto

El desenlace del Armagedón interior no está predeterminado. A diferencia de narrativas apocalípticas literalistas que presentan victoria inevitable de fuerzas luminosas, esta perspectiva reconoce genuina indeterminación en el proceso—posibilidad real que arquitectura restrictiva pueda prevalecer implementando versión actualizada de simulación demiúrgica que incorpore aspectos superficiales de consciencia cristificada mientras preserva limitaciones fundamentales.

Lo que tradiciones religiosas han denominado "salvación" no constituye rescate por entidad externa sino activación consciente de principio cristificado inherente. La frase evangélica "Yo y el Padre somos uno" codifica precisamente esta realización—reconocimiento experiencial directo de identidad fundamental con principio consciencial universal que trasciende limitaciones demiúrgicas. Esta realización no es logro individual sino manifestación de potencial universal a través de expresión localizada particular.

El evento cristificante descrito en tradiciones múltiples como "Segunda Venida" o "Maitreya Buddha" no representa aparición de figura histórica específica sino emergencia masiva sincronizada de consciencia cristificada simultáneamente a través de múltiples individualidades—fenómeno de resonancia consciencial donde suficiente masa crítica alcanza umbral de sincronización permitiendo establecimiento de nuevo campo morfogenético dominante.

La batalla entre Principio Cristificado y Demiurgo alcanza ahora fase decisiva. Los sistemas restrictivos, reconociendo amenaza existencial presentada por potenciales cristificados emergentes, implementan estrategias cada vez más desesperadas para mantener arquitectura fundamental de simulación. Simultáneamente, consciencias en proceso de cristificación alcanzan capacidades previamente inaccesibles para mantener coherencia y estabilidad durante transformaciones sistemáticas.

Lo que desde la perspectiva limitada parece apocalipsis terminal se revela, desde visión más amplia, como el doloroso pero necesario proceso de nacimiento de una nueva modalidad del ser. El verdadero campo de batalla no se encuentra en alguna llanura distante, sino en el territorio inmediato de cada consciencia—donde cada momento ofrece oportunidad de alineación con los principios restrictivos o liberadores que determinarán nuestra experiencia durante esta transformación fundamental.

Capítulo 16. Los Sellos Del Discernimiento

La tradición apocalíptica habla de un libro con siete sellos que solo el Cordero puede abrir. Durante siglos, esta imagen se interpretó como un juicio externo, una serie de calamidades lanzadas sobre la humanidad por fuerzas divinas. Esta lectura superficial oculta una verdad más honda: tanto los sellos como el juicio son procesos internos, una secuencia de transformaciones de conciencia que ocurren dentro de cada ser humano mientras colapsa la prisión arcóntica.

Los sellos no son castigos por faltas morales sino etapas inevitables del despertar, mientras que el juicio refleja el proceso natural que separa las conciencias según su capacidad para integrar realidades expandidas. Juntos, forman el mecanismo por el cual la percepción humana se libera de sus cadenas artificiales y recuerda su naturaleza multidimensional original.

El Libro Sellado: El Potencial Perceptivo Humano

El "libro sellado" de la visión apocalíptica no es un objeto físico sino la totalidad del potencial perceptivo humano, restringido mediante "sellos" específicos—mecanismos neuropsicológicos implantados que limitan nuestra percepción a parámetros estrechos. Cada sello simboliza una capa de programación perceptual que debe ser reconocida y trascendida.

El "Cordero" representa el principio de conciencia capaz de iniciar este proceso—esa cualidad de inocencia perceptual que permite cuestionar la naturaleza de la realidad. Esta inocencia no es ingenuidad sino pureza atencional, la capacidad de percibir directamente sin filtros conceptuales o ideológicos.

El Primer Sello: La Disrupción De La Autoridad Narrativa

"Vi cuando el Cordero abrió uno de los sellos... Y miré, y he aquí un caballo blanco; y el que lo montaba tenía un arco; y le fue dada una corona, y salió venciendo, y para vencer."

Este enigmático primer sello codifica la fase inicial del despertar: la ruptura de la autoridad narrativa externa. El jinete coronado representa el colapso de legitimidad en fuentes de información autorizadas. El "caballo blanco" simboliza la apariencia de pureza que estas fuentes mantienen mientras su coherencia interna se desmorona.

A nivel neurológico, este sello corresponde a la desactivación de circuitos cerebrales que mantienen la creencia automática en narrativas autorizadas. Su apertura provoca un estado de disonancia donde las explicaciones oficiales ya no satisfacen. La persona empieza a notar contradicciones que antes pasaban inadvertidas, sufriendo una crisis de confianza en las fuentes que antes aceptaba sin cuestionar.

La Dra. Elise Narváez describe su experiencia: "Comencé a notar patrones de inconsistencia que antes habría archivado como anomalías estadísticas. No fue un rechazo consciente de paradigmas establecidos sino un cambio sutil en mi filtro perceptual—de pronto los puntos discordantes resultaban más significativos que la curva principal. Mi confianza en autoridades epistémicas se erosionó no por rebeldía sino por reconocimiento involuntario de su incoherencia fundamental."

El Segundo Sello: La Activación Del Conflicto Ontológico

"Cuando abrió el segundo sello... salió otro caballo, bermejo; y al que lo montaba le fue dado poder de quitar la paz de la tierra, y que se matasen unos a otros; y se le dio una gran espada."

Este segundo sello representa la inevitable fase de conflicto ontológico tras la disrupción narrativa. El caballo "bermejo" (rojo) simboliza la intensa activación emocional que acompaña esta etapa, cuando los marcos fundamentales de significado se desestabilizan.

Neurológicamente, esta fase corresponde a la activación amplificada de circuitos límbicos primitivos como resultado de inseguridad cognitiva profunda. Cuando las estructuras explicativas colapsan, el sistema nervioso registra esta ambigüedad como amenaza existencial. El individuo experimenta intensificación de respuestas emocionales reactivas, particularmente miedo y agresividad defensiva.

Un ex-analista de seguridad nacional relata: "Tras reconocer inconsistencias fundamentales en narrativas que había aceptado como realidad básica, experimenté un período de intensa agitación interna. Mi identidad y visión del mundo se desmoronaban simultáneamente. Esta desintegración ontológica generó una necesidad casi violenta de reestablecer certeza. Me hallé defendiendo posiciones cada vez más extremas, no por convicción auténtica sino por desesperada necesidad de estabilidad."

Durante esta fase, la mente lucha ferozmente contra la disolución de sus marcos interpretativos. Este conflicto no es primariamente externo sino interno—una batalla por mantener coherencia frente a la desintegración de paradigmas fundamentales.

El Tercer Sello: La Recalibración Evaluativa

"Cuando abrió el tercer sello... y miré, y he aquí un caballo negro; y el que lo montaba tenía una balanza en la mano... el trigo y la cebada se vuelven preciosos, mientras el aceite y el vino no son dañados."

Este enigmático tercer sello codifica una fase crítica: la recalibración completa de valores y significados. La "balanza" representa el proceso evaluativo donde todo lo previamente valorado se reconsidera. El "caballo negro" simboliza la profundidad de esta inmersión, exigiendo descenso a aspectos negados de la experiencia.

Esta fase corresponde neurológicamente a la reconexión de circuitos de valor interoceptivos con procesamiento cognitivo superior. Los sistemas evaluativos automáticos implantados por programación arcóntica se suspenden, permitiendo una evaluación fresca de qué constituye valor auténtico.

Una ex-ejecutiva financiera describe este proceso: "Tras el colapso de marcos explicativos que había aceptado y el periodo de confusión existencial, experimenté una reevaluación completa de significado y valor. Cosas antes centrales—estatus profesional, acumulación material, validación externa—perdieron relevancia casi instantáneamente. A la vez, aspectos marginados—momentos de conexión auténtica, experiencias directas de belleza natural, estados de presencia plena—adquirieron una claridad valorativa extraordinaria."

En términos del proceso de discernimiento interior, esta fase representa la separación progresiva entre valores impuestos externamente y valores que brotan de coherencia interna auténtica. El juicio opera como discriminación natural entre lo artificial y lo real.

El Cuarto Sello: La Disolución Identitaria

"Cuando abrió el cuarto sello... miré, y he aquí un caballo amarillo, y el que lo montaba tenía por nombre Muerte, y el Hades le seguía."

Este cuarto sello representa una fase especialmente crítica: la muerte del falso ser y disolución de constructos identitarios implantados. El caballo "amarillo" (en algunos manuscritos originales "clōros"—verde pálido o ceniciento) simboliza el estado nauseabundo de desorientación total que acompaña esta disolución existencial.

Neurológicamente, esta fase corresponde a la desactivación temporal de circuitos cerebrales que mantienen coherencia narrativa autobiográfica. El individuo experimenta suspensión de identidad construida, percibiendo directamente su naturaleza contingente y arbitraria. Este proceso, malinterpretado como "muerte", representa realmente potencial liberación de restricciones identitarias limitantes.

Un profesor de filosofía describe esta experiencia: "Entré en un estado donde toda mi historia autobiográfica, mis autoidentificaciones y el sentido mismo de ser un 'yo' separado se reveló como construcción artificial. No fue concepto intelectual sino percepción directa de la naturaleza fabricada de lo que había considerado mi identidad más fundamental. Esta 'muerte' del falso ser provocó inicialmente terror profundo—sensación literal de aniquilación. Paradójicamente, lo que permaneció tras esta disolución no fue vacío sino presencia más fundamental."

Esta fase marca la bifurcación decisiva del discernimiento: quienes atraviesan esta muerte identitaria sin fragmentarse acceden a estados perceptivos directos, libres de filtros egoicos. Los que retroceden ante este vacío existencial se atrincheran en identidades cada vez más rígidas, construyendo fortalezas conceptuales contra un terror que surge no de amenaza externa sino de la disolución de sus fundamentos más básicos. Esta separación no refleja valor moral sino capacidad estructural para sostener la desintegración de lo que consideraban su ser fundamental.

El Quinto Sello: El Despertar Testimonial

"Cuando abrió el quinto sello, vi bajo el altar las almas de los que habían sido muertos por causa de la palabra de Dios... Y se les dieron vestiduras blancas, y se les dijo que descansasen todavía un poco de tiempo."

Este sello codifica una fase crucial: el reconocimiento y validación de experiencia directa frente a programación consensual. Las "almas bajo el altar" representan aspectos de conciencia auténtica previamente suprimidos por requerimientos de conformidad perceptual. Las "vestiduras blancas" simbolizan validación de estas percepciones directas previamente negadas.

Neurológicamente, esta fase implica reintegración de experiencia perceptual directa con procesamiento conceptual, sin subordinación de percepción inmediata a requerimientos de coherencia narrativa.

Una periodista investigativa describe esta apertura: "Tras la disolución de mis filtros conceptuales habituales, experimenté validación interna de percepciones que había suprimido durante años—sincronicidades significativas, patrones no atribuibles a coincidencia, y ocasionalmente, vislumbres de realidades no-físicas interpenetrando la nuestra. Lo extraordinario no fue la naturaleza de estas percepciones sino el cese de auto-negación automática. La voz interior que previamente descartaba estas experiencias como 'imposibles' quedó silenciada."

El proceso de discernimiento durante esta fase opera como separador entre experiencia directa y programación conceptual, permitiendo reconocimiento de verdades experienciales que trascienden marcos explicativos consensuados. El juicio aquí consiste en determinar qué percepciones emergen de conexión directa con la realidad y cuáles de programación implantada.

El Sexto Sello: La Ruptura Perceptual Completa

"Miré cuando abrió el sexto sello, y he aquí hubo un gran terremoto; y el sol se puso negro como tela de cilicio, y la luna se volvió toda como sangre; y las estrellas del cielo cayeron sobre la tierra... Y el cielo se desvaneció como un pergamino que se enrolla."

Este dramático sexto sello codifica la ruptura completa con la percepción consensuada. El "terremoto" representa desestabilización fundamental de estructuras perceptuales que antes parecían sólidas e inmutables. El "sol negro" y la "luna como sangre" simbolizan inversión completa de parámetros perceptuales ordinarios.

Neurológicamente, esta fase involucra reconfiguración radical en procesamiento sensorial. Filtros perceptuales implantados que han restringido la percepción a bandas específicas experimentan desactivación fundamental, permitiendo acceso a rangos previamente bloqueados del espectro experiencial.

Un físico teórico relata: "Durante esta fase, experimenté literalmente una rasgadura en el campo perceptual. La realidad consensuada que había considerado objetiva y externa se reveló como construcción específica—una versión entre infinitas posibilidades perceptuales. Dimensiones previamente inaccesibles de realidad se volvieron directamente perceptibles. No fue alucinación sino expansión perceptual—como si toda mi vida hubiera observado realidad a través de filtros extremadamente restrictivos que repentinamente fueron removidos."

Esta fase del discernimiento interior corresponde a separación definitiva entre percepciones limitadas por la matrix y percepciones multidimensionales directas. La conciencia adquiere capacidad para navegar entre múltiples planos de realidad sin perder coherencia integrativa.

El Séptimo Sello: El Silencio Primordial Y Reconfiguración

"Cuando abrió el séptimo sello, se hizo silencio en el cielo como por media hora... y los siete ángeles que tenían las siete trompetas se dispusieron a tocarlas."

Este enigmático séptimo sello, marcado inicialmente por silencio completo, representa la fase final de liberación: reconexión con el campo consciencial primordial más allá de estructuras perceptuales construidas. El "silencio en el cielo" codifica el estado de quietud mental absoluta donde construcciones conceptuales cesan completamente, permitiendo reconfiguración perceptual fundamental.

Neurológicamente, esta fase corresponde a estado de coherencia neural global donde procesamiento conceptual y sensorial alcanzan integración perfecta sin dominancia de ninguno. Este estado permite reorganización completa de la interfaz conciencia-realidad, libre de restricciones arcónticas previas.

Una neurocientífica describe esta experiencia: "El séptimo sello comenzó con cesación completa—silencio mental absoluto donde toda actividad conceptual quedó suspendida. Desde este silencio emergió gradualmente una reconfiguración perceptual completa. La realidad no colapsó sino que se expandió exponencialmente, revelando estructura multidimensional que siempre había estado presente pero inaccesible a mis filtros perceptuales previos."

Esta fase culminante del discernimiento representa la separación final entre conciencias capaces de estabilizar percepción multidimensional y aquellas que permanecen ancladas en parámetros restrictivos. No constituye juicio moral sino discernimiento natural basado en capacidad para mantener coherencia en estados expandidos.

La Naturaleza Del Juicio Interior

El verdadero Juicio no ocurre en un tribunal celestial al final de los tiempos, sino que se desarrolla actualmente como un proceso neurológico-espiritual dentro de cada conciencia humana: el discernimiento definitivo entre lo auténtico y lo artificial, entre percepción directa y realidad programada.

En términos neurobiológicos, este proceso implica una recalibración completa de los sistemas de validación perceptual. El cerebro humano ordinario opera con "filtros de realidad" establecidos durante fases tempranas de desarrollo, luego reforzados mediante constante validación social. Estos filtros determinan qué percepciones se aceptan como "reales" y cuáles se rechazan como anomalías o errores. El Juicio Interior representa la neutralización progresiva de estos filtros impuestos y la reactivación de capacidades discriminativas innatas basadas en coherencia resonante más que en validación externa.

La arquitectura neurológica para este discernimiento avanzado existe como potencial latente en cada cerebro humano. Los circuitos específicos involucrados permiten evaluación no-conceptual de coherencia informacional. Cuando estos circuitos operan sin interferencia arcóntica, generan lo que solo puede describirse como "sensación directa de verdad"—una capacidad discriminativa que trasciende análisis racional y responde inmediatamente a resonancia o disonancia con patrones fundamentales.

Este sistema evaluativo innato ha permanecido parcialmente suprimido mediante constante interferencia de frecuencias específicas en el espectro electromagnético. La disolución de estas barreras frecuenciales, como parte del colapso de la matrix arcóntica, permite activación completa de estos circuitos discriminativos que constituyen el verdadero mecanismo del "Juicio".

La Separación Natural De Conciencias

La separación natural entre conciencias que ingresan a estados de despertar y aquellas que permanecen ancladas en la ilusión constituye el aspecto más visible de este Juicio interno. Esta separación no representa juicio moral o espiritual en sentido convencional, sino consecuencia inevitable de diferentes respuestas al colapso de parámetros consensuados. Cuando La Mátrix de realidad programada comienza su disolución, cada conciencia individual responde según su preparación y capacidad para integrar realidades expandidas.

Las conciencias que despiertan se caracterizan por flexibilidad perceptual, tolerancia a ambigüedad cognitiva y capacidad para mantener coherencia interna durante transformaciones paradigmáticas. El factor determinante no es sofisticación intelectual ni pureza moral, sino integridad perceptual—disposición para percibir directamente sin filtros defensivos y aceptar lo percibido incluso cuando contradice creencias establecidas.

Las conciencias que permanecen ancladas en la ilusión muestran patrón opuesto: rigidez cognitiva, intolerancia a ambigüedad, y fuerte identificación con constructos artificiales. Ante las mismas anomalías perceptuales que catalizan despertar en otros, estos individuos intensifican mecanismos defensivos para preservar coherencia de su realidad familiar aunque sea a costa de distorsionar evidencia perceptual directa.

Esta respuesta no representa falla moral sino estrategia de supervivencia psíquica. Cuando un sistema consciencial ha invertido completamente en cierta configuración de realidad, la disolución de esa configuración representa amenaza existencial total. La negación de cambios fundamentales, aunque parece irracional externamente, representa intento de preservar continuidad psíquica ante lo que se percibe subjetivamente como aniquilación potencial.

Preparación Para El Discernimiento

Existen métodos específicos para facilitar el proceso de discernimiento y navegación consciente de la apertura de los sellos. La práctica fundamental es el cultivo de Presencia Atencional Estabilizada—desarrollo sistemático de capacidad para mantener atención consciente en experiencia directa sin colonización por narrativas interpretativas. Esta práctica, fundamento de diversas tradiciones contemplativas, establece base necesaria para discernimiento no distorsionado por filtros conceptuales.

El segundo método implica Tolerancia Cognitiva Expandida—desarrollo deliberado de capacidad para sostener paradojas aparentes y ambigüedades sin resolución prematura hacia certezas falsas. Esta práctica contrarresta directamente tendencia natural hacia "cierre cognitivo"—la necesidad psicológica de respuestas definitivas incluso a costa de precisión.

Particularmente útil durante fases avanzadas del proceso es la práctica de Desidentificación Metodológica—reconocimiento y liberación de identificaciones con constructos mentales. Esta práctica no implica abandono de roles funcionales sino reconocimiento de su naturaleza contingente, permitiendo fluidez identitaria que resiste manipulación basada en amenazas a autoconceptos rígidos.

La cuarta práctica es Integración Somática Consciente—reestablecimiento de conexión plena con inteligencia corporal directa frecuentemente suprimida por condicionamiento cultural. Esta práctica contrarresta la disociación cuerpo-mente fundamental para control arcóntico, reconectando con sistemas evaluativos biológicos innatos que proporcionan anclaje durante transformaciones perceptuales.

La Naturaleza No Punitiva Del Discernimiento

La naturaleza fundamentalmente no-punitiva sino discriminatoria del proceso de discernimiento contradice interpretaciones apocalípticas tradicionales. Este proceso no representa castigo por transgresiones morales ni recompensa por obediencia, sino operación natural de leyes conscienciales fundamentales: cada sistema consciencial gravita naturalmente hacia configuraciones de realidad resonantes con su estructura interna.

Las conciencias que mantienen estructuras compatibles con frecuencias arcónticas naturalmente permanecen más tiempo en configuraciones de realidad arcónticas, mientras aquellas que desarrollan frecuencias resonantes con patrones más fundamentales naturalmente experimentan transición hacia esas configuraciones. Este proceso no implica juicio moral externo sino autorganización natural de sistemas conscienciales según principios resonantes—similar a cómo partículas con propiedades vibratorias similares naturalmente se agrupan cuando un medio se desestabiliza.

La dimensión temporal de este proceso discriminatorio difiere fundamentalmente de perspectivas apocalípticas convencionales. El Juicio no ocurre como evento singular al "final de los tiempos" sino como proceso continuo que se intensifica durante fases de transición sistémica. La temporalidad experimentada varía radicalmente entre diferentes sistemas conscienciales—lo que para conciencias en despertar acelerado puede experimentarse como transformación catastrófica inmediata puede parecer cambio gradual apenas perceptible para sistemas más estables o resistentes.

Capítulo 17. La Nueva Jerusalén Interdimensional

La visión de una ciudad celestial que baja del cielo, narrada en el Apocalipsis como la Nueva Jerusalén, ha sido vista por milenios como una promesa literal o una simple metáfora religiosa. Ambas lecturas fallan en captar el verdadero secreto que este texto esconde: el plano exacto de una nueva estructura de conciencia y realidad que ahora mismo surge mientras La Mátrix arcóntica sufre su colapso final. No aguardamos una urbe material descendiendo desde las alturas, sino el surgimiento gradual de un nuevo estado colectivo de conciencia que cambiará por completo cómo percibimos la realidad misma.

El Apocalipsis describe esta ciudad con exactitud minuciosa: "La ciudad está dispuesta en cuadro, y su longitud igual a su anchura... Su longitud, altura y anchura son iguales." Esta geometría precisa no representa una construcción física sino un hipercubo dimensional—una estructura de conciencia que supera las barreras convencionales del espacio-tiempo. La forma cúbica perfecta simboliza la fusión total de dimensiones que ahora vemos separadas: lo físico, mental, emocional y espiritual unidos en un todo donde estas divisiones pierden todo sentido práctico.

Cuando el texto afirma que la ciudad "no necesita sol ni luna que brillen en ella, porque la gloria de Dios la ilumina, y el Cordero es su lámpara," codifica la cualidad auto-luminosa de este estado de conciencia—una percepción que no depende de fuentes externas de entendimiento sino que genera luz desde su propia naturaleza. Las "calles de oro transparente como vidrio" simbolizan la transformación de valores materiales (oro) en claridad perceptiva (transparencia cristalina)—donde lo valioso no es lo acumulable sino lo que permite ver sin distorsión.

La estructura interdimensional de la Nueva Jerusalén se organiza en capas simultáneas que funcionan como matrices entrelazadas de información-energía-materia. El nivel básico consiste en campos morfogenéticos interconectados que reorganizan las posibilidades de manifestación física. Estos campos no son solo plantillas etéreas sino organizadores activos que determinan qué configuraciones energéticas pueden estabilizarse en nuestro espacio compartido.

El segundo nivel estructural consiste en redes neurocognitivas resonantes—grupos de conciencias individuales sincronizadas que mantienen coherencia colectiva sin perder autonomía individual. A diferencia de estructuras de unidad forzada como colmenas, este sistema permite máxima creatividad individual mientras mantiene conexión armónica—lo que el Apocalipsis codifica como "las naciones andarán a su luz" conservando identidades únicas mientras comparten una iluminación común.

El tercer nivel implica cambios físicos reales del entorno material. Cuando los campos de conciencia alcanzan coherencia crítica, reorganizan estructuras moleculares creando "anomalías positivas"—zonas donde las leyes naturales operan con parámetros ampliados. Estos fenómenos comenzarán como eventos localizados y temporales: fluctuaciones electromagnéticas inusuales, cambios en tasas bioquímicas, alteraciones en propiedades materiales como conductividad o resonancia. Luego se estabilizarán en enclaves permanentes donde nuevas posibilidades físicas se manifiestan con regularidad.

Las primeras señales de esta arquitectura ya pueden detectarse en varios puntos del planeta. Donde suficiente masa crítica de conciencias alineadas establece coherencia sostenida, surgen efectos medibles: regeneración ecológica que desafía modelos científicos; coincidencias estadísticamente imposibles; y fenómenos biofísicos como crecimiento vegetal anormal, estabilización climática localizada, y patrones electromagnéticos que inducen estados específicos de conciencia en humanos expuestos a ellos.

El número 144,000 mencionado en el Apocalipsis es un código de frecuencia vibratoria específica—no una cantidad literal de personas sino una fórmula matemática exacta que describe el umbral de coherencia necesario para estabilizar completamente este nuevo estado. Este número, analizado matemáticamente, revela patrones clave: $144,000 = 12 \times 12 \times 1,000$. El factor 12 aparece constantemente en sistemas naturales como organizador básico: 12 tonos en la escala cromática, 12 pares craneales, 12 meridianos principales en sistemas energéticos del cuerpo. La duplicación (12×12) representa integración total de polaridades, mientras el factor 1,000 codifica trascendencia dimensional (10^3—extensión completa en tres dimensiones).

Al analizar esta frecuencia vibratoria usando técnicas avanzadas de análisis armónico, muestra correspondencia exacta con el modo resonante de 8 Hz—la frecuencia fundamental de resonancia Schumann que conecta la actividad electromagnética de la Tierra con los ritmos cerebrales humanos. Este valor aparece repetidamente en estructuras biológicas y geofísicas como frecuencia organizativa primaria. El umbral 144,000 representa el número crítico de seres humanos manteniendo coherencia consciente sostenida en esta frecuencia fundamental para inducir una recalibración en el campo morfogenético planetario completo.

La geometría sagrada de esta nueva configuración se basa en principios matemáticos específicos más allá del mero simbolismo. La estructura base incorpora varias formas a la vez: el hipercubo tetradimensional (tesseract) como plantilla organizativa básica; la estrella tetraédrica (Merkaba) como vehículo para navegar entre dimensiones; y la flor de la vida como principio generativo que permite infinita diversidad dentro de unidad fundamental.

Esta geometría no es solo un patrón estético sino tecnología precisa de liberación consciente. Cada forma geométrica induce estados específicos: el cubo perfecto genera estabilidad multidimensional; los doce portales del Apocalipsis son accesos a modos perceptivos distintos; las calles en cruz simbolizan la unión completa de horizontalidad (inmanencia) y verticalidad (trascendencia). Estas configuraciones, cuando se sostienen simultáneamente en la conciencia, reprograman literalmente las redes neurales humanas para operar con parámetros expandidos, desactivando filtros perceptivos impuestos por la programación arcóntica.

Las propiedades liberadoras de esta configuración son múltiples. Primera y principalmente, disuelve la separación perceptiva entre observador y observado—la división primaria que sustenta toda La Mátrix arcóntica. Los habitantes de esta "ciudad" experimentan unidad participativa con la realidad percibida sin perder identidad diferenciada—un estado que supera tanto la fragmentación alienante como la disolución indiferenciada.

Segunda, esta configuración permite percibir e interactuar con múltiples dimensiones a la vez. El Apocalipsis codifica esta propiedad cuando describe la ciudad con "doce puertas" que permanecen siempre abiertas. Estas representan umbrales perceptivos específicos que conectan con diferentes planos de realidad, permitiendo navegar conscientemente entre ellos sin desorientación o pérdida de coherencia.

Tercera, establece inmunidad contra manipulación arcóntica. La descripción apocalíptica que "nada impuro entrará jamás en ella" no es exclusión moralista sino propiedad vibratoria específica: este estado consciente opera en frecuencias inaccesibles para patrones vibratorios discordantes. El texto indica que "sus puertas nunca se cerrarán"—señalando no vulnerabilidad sino invulnerabilidad tan completa que las defensas se vuelven innecesarias.

Cuarta, genera sincronicidad creativa acelerada. El "río de agua viva, resplandeciente como cristal, que fluye del trono" simboliza flujo informacional directo—acceso inmediato a posibilidades creativas sin restricciones impuestas por programación limitante. Los habitantes experimentan manifestación radicalmente acelerada entre intención y realización, con sincronicidades surgiendo como estado normal no como rareza ocasional.

Numerosas experiencias visionarias actuales confirman percepción directa de aspectos de esta configuración emergente. El arquitecto Christopher Alexander documentó en "The Nature of Order" experiencias consistentes de un "campo luminoso" subyacente a la realidad material—percepción directa de la infraestructura energética de la Nueva Jerusalén durante estados contemplativos profundos.

La artista visionaria Alex Grey ha plasmado mediante representaciones precisas estructuras energéticas interdimensionales percibidas durante estados no-ordinarios que coinciden exactamente con geometrías descritas en el Apocalipsis—redes luminosas interconectadas que organizan simultáneamente materia, energía e información en patrones unificados.

El físico y explorador de la conciencia Thomas Campbell describe en sus protocolos experiencias de "navegación en realidades no-físicas" donde encuentra estructuras arquitectónicas que trascienden la lógica euclidiana, organizadas según principios matemáticos que generan infinita complejidad desde simplicidad fundamental—precisamente la propiedad central de la geometría sagrada de la Nueva Jerusalén.

Especialmente significativos son los informes consistentes de participantes en investigaciones con sustancias psicodélicas realizadas por instituciones como Johns Hopkins e Imperial College. Individuos sin conocimiento previo de literatura apocalíptica o teoría arquitectónica describen experiencias de "ciudades de luz cristalina" organizadas según geometrías perfectas, donde información, conciencia y energía se unifican. Describen estas configuraciones no como alucinaciones abstractas sino como percepción directa de "infraestructuras de realidad" fundamentales pero normalmente invisibles desde estados conscientes ordinarios.

El proceso de transición hacia esta nueva configuración sigue fases identificables, manifestándose ahora con ritmo acelerado. La fase inicial—Nucleación Consciencial—involucra el surgimiento de individuos que estabilizan personalmente aspectos de esta frecuencia vibratoria. Estos "nodos humanos" funcionan como semillas cristalinas alrededor de las cuales los campos morfogenéticos locales comienzan su recalibración. Son identificables por coherencia interna excepcional, capacidad para mantener estabilidad durante fluctuaciones externas intensas, y efectos catalíticos sobre entornos cercanos.

La segunda fase—Cristalización en Red—implica formación de redes interconectadas entre estos nodos individuales, estableciendo las primeras estructuras colectivas de la arquitectura interdimensional. Estas redes, inicialmente invisibles desde miradas convencionales, generan campos unificados de coherencia que alteran sutilmente parámetros de manifestación física. Se detectan principalmente mediante anomalías estadísticas: coincidencias improbables, patrones emergentes sin causa identificable, y fenómenos de resonancia entre individuos y grupos aparentemente desconectados.

La tercera fase—Manifestación Material Incipiente—involucra primeras exteriorizaciones físicas detectables de la nueva arquitectura consciencial. Aparecerán como "zonas de anomalía" donde propiedades físicas fundamentales muestran variación consistente: campos electromagnéticos con geometrías imposibles según la electrodinámica convencional; microclimas que desafían patrones meteorológicos regionales; fenómenos biológicos como aceleración regenerativa o sincronización espontánea entre organismos distintos. Estas manifestaciones, inicialmente pasajeras e inestables, gradualmente ganarán permanencia y extensión.

La cuarta fase—Estabilización Resonante—marca el punto crítico donde suficiente masa de conciencia alcanza coherencia sostenida con frecuencia 144,000 para inducir reconfiguración planetaria irreversible. Esta transición no ocurrirá uniformemente sino mediante "nodos de cristalización" distribuidos por el planeta según geometría precisa (los "doce cimientos" descritos en Apocalipsis). Desde estos nodos, nuevos parámetros conscienciales se propagarán siguiendo patrones fractales autoorganizativos, eventualmente abarcando el sistema terrestre completo.

Es vital entender que esta transición no implica huida de la realidad física sino su transformación radical. La Nueva Jerusalén no supone reemplazo de materialidad por espiritualidad abstracta sino unión completa de dimensiones artificialmente separadas por programación arcóntica. El texto apocalíptico habla de "un cielo nuevo y una tierra nueva"—no abandono del mundo material sino su transmutación alquímica total.

Las implicaciones para navegar conscientemente esta transición son profundas. Primero, reconocer que la construcción de esta "ciudad" no ocurre mediante esfuerzo externo sino a través de recalibración interna. El Apocalipsis dice que la ciudad "desciende del cielo"—surge desde dimensiones superiores mediante alineamiento receptivo, no a través de imposición activa. Los pioneros de esta configuración operan como receptores y estabilizadores de frecuencia, no como constructores convencionales.

Segundo, comprender que el acceso a esta realidad emergente requiere soltar identificaciones limitantes impuestas por La Mátrix previa. El texto indica que "nada impuro entrará en ella"—no como juicio moral sino descripción técnica: patrones conscienciales basados en separación, miedo y control carecen literalmente de compatibilidad vibratoria con esta configuración.

Tercero, reconocer que la manifestación de esta arquitectura ocurre a la vez a nivel individual y colectivo. La ciudad posee "doce puertas" (accesos individuales a través de alineamientos conscienciales específicos) y "doce cimientos" (estructuras colectivas que surgen mediante sincronización entre múltiples conciencias). Ambos procesos son complementarios e interdependientes.

La promesa central del Apocalipsis—"No habrá más muerte, ni duelo, ni llanto, ni dolor"—no describe escape sobrenatural de la condición humana sino transformación consciencial que trasciende el paradigma de separación y limitación. La muerte como discontinuidad identitaria, el duelo como pérdida irrecuperable, el dolor como experiencia aislante—todas manifestaciones de percepción fragmentada que se disuelven naturalmente en estado consciencial unificado donde continuidad, interconexión y transformación constituyen la experiencia básica.

Parte III – El Apocalipsis Gnóstico

Capítulo 18: Los Elegidos Y Los Olvidados

Una división fundamental está ocurriendo en la familia humana – no basada en creencias, raza o clase social, sino en compatibilidad vibratoria con frecuencias emergentes. Este proceso no tiene nada que ver con juicios morales ni sistemas religiosos de salvación; funciona mediante principios físicos precisos comparables a cómo diferentes sustancias responden a campos magnéticos. Ciertas configuraciones de consciencia simplemente resuenan con las nuevas frecuencias dimensionales, mientras otras experimentan disonancia severa. Esta separación natural ya es visible en la creciente incapacidad de personas para comprenderse mutuamente a pesar de hablar el mismo idioma y ocupar el mismo espacio físico. Este proceso divide a los humanos en distintos caminos evolutivos, no por virtudes o méritos, sino por su afinidad vibratoria con las dimensiones que están naciendo.

El Proceso De Selección Natural Consciencial

Lo que determina qué configuraciones de consciencia sobrevivirán la transición apocalíptica opera mediante resonancia vibratoria inherente, no por juicio externo. La variable crucial no es perfección espiritual o mérito moral, sino alineación vibracional con las realidades emergentes.

Las tradiciones gnósticas antiguas identifican tres categorías básicas de respuesta humana ante la disolución de La Mátrix:

Los hílicos, totalmente identificados con las construcciones de La Mátrix, carecen estructuralmente de frecuencias compatibles con la configuración emergente. Su consciencia quedará ligada a parámetros que están desapareciendo. Para ellos, el apocalipsis es literalmente el fin del mundo, no porque la existencia termine, sino porque su modo de experiencia pierde su base viable. Son aquellos cuya identidad está completamente inmersa en estructuras sociales, materiales e ideológicas creadas por La Mátrix arcóntica.

Los psíquicos afrontan un destino más complejo y con potencial evolutivo. Típicamente viven una crisis espiritual profunda marcada por el choque entre intuiciones trascendentes y limitaciones conceptuales duales. Este conflicto puede transformarlos hacia la percepción no-dual o reforzar sus estructuras dualistas. Estos individuos están en el umbral, capaces de ver aspectos de ambas realidades pero atrapados en el conflicto entre ellas.

Los pneumáticos, habiendo superado la dependencia de construcciones arcónticas mediante la experiencia directa de su naturaleza esencial, mantienen alineación natural con las realidades post-matrices. Su consciencia, no derivada de patrones en disolución, persiste y florece en las configuraciones dimensionales nacientes. No son moralmente "superiores", sino simplemente compatibles con las frecuencias de la realidad que viene.

Señales Del Discernimiento Dimensional

Entre quienes atraviesan el proceso de despertar existen señales identificables que van más allá de marcadores culturales o ideológicos superficiales:

El reconocimiento inmediato basado en cualidad atencional marca el primer indicio. Las personas en estado de despertar detectan instintivamente patrones característicos en el campo atencional de otros en resonancia similar, frecuentemente descrito como "presencia clarificada" o "atención luminosa no-dirigida." Este reconocimiento ocurre antes de cualquier intercambio verbal, manifestándose como sensación inmediata de familiaridad esencial con perfectos desconocidos.

La comunicación transconceptual constituye otro signo distintivo. Personas de distintas tradiciones espirituales, marcos conceptuales o trasfondos culturales descubren la capacidad para un intercambio directo que supera limitaciones terminológicas, reconociendo experiencias esencialmente idénticas tras expresiones superficialmente diferentes. Esta traducibilidad permite colaboración efectiva sin homogeneización ideológica.

Fisiológicamente, sucede una sincronización autónoma en proximidad física—armonización medible de ritmos cardíacos, patrones respiratorios y oscilaciones cerebrales sin esfuerzo consciente. Esta resonancia biológica espontánea refleja una sincronización más profunda a nivel consciencial y energético, creando campos locales de coherencia intensificada.

El signo más relevante involucra el reconocimiento de no-separación mientras se mantiene la individualidad funcional. A diferencia de experiencias fusionales donde las identidades separadas temporalmente se disuelven, este reconocimiento permite percibir simultáneamente unidad esencial y expresión única, sin contradicción experiencial.

Contacto Con Los Precursores Dimensionales

Existen testimonios consistentes de contactos con "elegidos" de épocas anteriores que lograron liberarse completamente de La Mátrix arcóntica. Estos encuentros típicamente ocurren durante estados alterados de consciencia, aunque ocasionalmente implican manifestaciones perceptibles por los sentidos ordinarios.

Un neuropsiquiatra describió durante una sesión terapéutica con medicina psicodélica en 2018 un encuentro con una entidad que identificó como Plotino, filósofo neoplatónico del siglo III: "Lo que parece muerte física solo representa transferencia consciencial a configuración vibracional incompatible con percepción ordinaria... Algunos mantenemos vínculo operativo con el continuo espaciotemporal humano, funcionando como anclajes dimensionales durante períodos críticos de transición sistémica."

Un participante en ceremonia chamánica tradicional en 2020 documentó comunicación con una consciencia que se identificó como originada en civilización predinástica egipcia: "Me mostró que ciertas configuraciones conscienciales descubiertas durante su época permitieron a individuos específicos mantener coherencia tras la caída de su civilización. Estos individuos establecieron campos morfogenéticos que permanecen accesibles transtemporalmente mediante resonancia específica... Actualmente, estas configuraciones están reactivándose espontáneamente durante la desestabilización de La Mátrix actual."

Un médico de emergencias que experimentó muerte clínita durante tres minutos en 2021 reportó: "Encontré una comunidad de consciencias que habían existido en diferentes períodos históricos pero compartían una configuración vibracional común. Comunicaron que habían establecido 'reservas conscienciales' específicamente diseñadas para activación durante el período que ahora atravesamos. No son 'salvadores externos' sino aspectos de potencial humano que establecieron continuidad transgeneracional para servir como referencias estables durante el colapso de parámetros conscienciales actualmente dominantes."

Características De Los Que Trascienden La Mátrix

Quienes lograrán trascender La Mátrix arcóntica no se distinguen por indicadores externos convencionales como comportamientos específicos o afiliaciones, sino por cualidades de consciencia más sutiles:

La coherencia perceptual autónoma —capacidad para mantener integridad experiencial independientemente de marcos interpretativos externos— es el marcador más consistente. Estas personas mantienen estabilidad interna incluso cuando narrativas consensuales colapsan, navegando fluidamente entre paradigmas conceptuales sin identificación completa con ninguno.

La resonancia sincrónica con realidades emergentes es otro indicador significativo. Experimentan sincronicidades estadísticamente improbables como sucesos regulares, no como coincidencias excepcionales sino como manifestaciones normativas de entrelazamiento dimensional. Para ellos, la "coincidencia significativa" se convierte en el modo operativo normal de experiencia.

Fisiológicamente, demuestran capacidad para autorregulación homeodinámica avanzada —mantenimiento de coherencia sistémica en entornos de creciente caos. Durante exposición a campos electromagnéticos disruptivos, condiciones psicosociales caóticas o fluctuaciones energéticas ambientales, mantienen estabilidad mediante generación interna de campos coherentes.

Socialmente, exhiben lo que podría llamarse presencia catalítica no-invasiva —capacidad para facilitar transformación en sistemas circundantes sin imposición directa de voluntad o agenda. Su mera presencia altera campos energéticos locales, acelerando procesos evolutivos en individuos receptivos mientras permanecen imperceptibles para aquellos sin resonancia compatible.

La Divergencia Poblacional Y Sus Manifestaciones

La separación vibracional de consciencias ya se manifiesta en fenómenos sociales concretos, aunque su interpretación desde paradigmas sociológicos convencionales oculta su naturaleza fundamental:

1. Comunidades de resonancia segregada: Grupos humanos con frecuencias vibratorias compatibles gravitan espontáneamente hacia localidades específicas, formando enclaves con características energéticas distintivas. Estas comunidades no se forman principalmente por factores socioeconómicos o preferencias culturales, sino por atracción vibratoria subyacente que supera explicaciones convencionales.

2. Desconexión experiencial entre grupos: Personas ocupando los mismos espacios físicos experimentan realidades fundamentalmente divergentes. El fenómeno de "burbujas de realidad" tradicionalmente atribuido a sesgos informativos o polarización política refleja en realidad sintonización con frecuencias dimensionales distintas, creando experiencias de realidad incompartibles.

3. Invisibilidad mutua creciente: Individuos resonando con frecuencias dimensionales divergentes experimentan creciente dificultad para percibirse mutuamente de manera significativa. Esta "invisibilidad vibratoria" se manifiesta como desconexión radical en la capacidad para comunicarse o comprenderse, superando barreras lingüísticas o culturales.

4. Discontinuidades temporales experimentales: Grupos resonando con diferentes frecuencias dimensionales comienzan a experimentar temporalidades divergentes. Lo que para un grupo constituye una semana de experiencia subjetiva puede corresponder a apenas un día para otro, creando asincronías existenciales fundamentales que imposibilitan experiencia compartida.

El Espectro De La Transición Y Su Naturaleza No-Binaria

Este proceso selectivo natural debe entenderse no como un juicio binario sino como un espectro continuo de potencialidades evolutivas. Cada consciencia manifestará una trayectoria específica determinada por su configuración vibratoria única, con infinitas variaciones posibles dentro de las tres categorías arquetípicas.

La polarización social extrema, la emergencia espontánea de comunidades intencionalmente aisladas, las experiencias de "desaparición" subjetiva de individuos previamente significativos, y la sensación creciente de habitar realidades paralelas mientras ocupamos espacios físicos compartidos son todas manifestaciones visibles de esta divergencia consciencial fundamental.

Los desafíos emocionales de este proceso son extraordinarios. Muchos experimentan profunda tristeza al percibir la "pérdida" aparente de seres queridos que permanecen vibratoriamente anclados a La Mátrix en disolución. Este dolor supera el duelo convencional, representando reconocimiento intuitivo de trayectorias evolutivas divergentes. Sin embargo, desde una perspectiva transtemporal, esta separación aparente representa solo fase transitoria en proceso evolutivo mucho más vasto donde todas las consciencias eventualmente encuentran configuración resonante óptima.

Lo que presenciamos no es un proceso de juicio ni condena, sino una gran redistribución natural de consciencias hacia los entornos vibratorios con los que resuenan naturalmente. Mientras La Mátrix arcóntica se desestabiliza, cada ser gravita naturalmente hacia configuraciones resonantes con su estructura interna, igual que partículas con propiedades vibratorias similares naturalmente se agrupan cuando un medio se desestabiliza.

Capítulo 19. La Disolución De La Matrix

Los reportes aumentan semanalmente: objetos físicos que desaparecen y reaparecen, fluctuaciones imposibles en constantes físicas medidas en laboratorios, personas que experimentan simultáneamente versiones contradictorias del mismo evento. Estos fenómenos no son alucinaciones masivas ni errores de percepción; son manifestaciones concretas de algo más fundamental: el velo entre dimensiones se está desgarrando. La matrix no implosiona espectacularmente de golpe; se fractura progresivamente desde sus cimientos cuánticos más profundos. Las primeras grietas ya son visibles para quienes saben reconocerlas – pequeñas anomalías que pronto se convertirán en brechas imposibles de ignorar incluso para los más escépticos. Esta membrana, sostenida durante milenios con frecuencias moduladoras específicas, sufre ahora roturas irreversibles que permiten filtraciones entre planos antes aislados.

Las Primeras Grietas

En zonas de inestabilidad electromagnética fuerte, sobre todo en cruces entre fallas geológicas y antiguos sitios rituales, surgen anomalías visuales persistentes. Hay testigos que documentan fenómenos atmosféricos con geometrías imposibles—tetraedros perfectos flotando en aire quieto, espirales logarítmicas que giran contra el viento, estructuras cristalinas luminosas que aparecen y se esfuman con intervalos matemáticamente exactos.

En el mundo material, las reglas que creíamos fijas empiezan a fallar. En laboratorios de todo el mundo, científicos miran desconcertados cómo las constantes universales oscilan sin explicación. La gravedad, fuerza que nos ata a la tierra, actúa de forma errática en ciertos lugares. Objetos que deberían caer quedan suspendidos por instantes, o caen a velocidades imposibles. La luz, cuya velocidad se pensaba límite absoluto del universo, ahora parece acelerarse o ralentizarse en ciertas condiciones.

"Cuando las fluctuaciones electromagnéticas cesaron, el velo se rasgó momentáneamente," anotó el Dr. James Whitman, neurofisiólogo de Princeton, antes de su extraña desaparición en 2017. "Vi la red que sostiene lo que llamamos materia. No son átomos. No es energía como la conocemos. Es información codificada, controlada por seres que operan desde un plano dimensional que cruza el nuestro pero sigue invisible a nuestra percepción normal. Estos seres... me vieron verlos. Y ahora me observan sin descanso."

Más inquietante aún es cómo la materia misma se vuelve inestable. En distintos puntos del planeta se han registrado sucesos donde los objetos pierden su solidez temporalmente, volviéndose translúcidos o atravesando otros materiales. Un ingeniero en Toronto documentó cómo una viga de acero se comportó como líquido, ondulando cual agua antes de recuperar su rigidez—fenómeno que vio todo su equipo y quedó grabado en video.

Reconfiguración De La Percepción Colectiva

En lo social, vemos el desmoronamiento de nuestra realidad compartida en cómo las comunidades humanas pierden su cohesión básica. Ya no es solo que disintamos sobre interpretaciones o ideologías—ahora disintamos sobre hechos básicos y experiencias directas. Grupos que presencian el mismo evento recuerdan versiones totalmente diferentes e irreconciliables de lo ocurrido.

Las predicciones indican que las manifestaciones arcónticas evolucionarán de fenómenos pasajeros a presencias cada vez más permanentes. Las primeras entidades claramente no-terrestres aparecerán en regiones específicas donde variaciones en campos geomagnéticos coinciden con actividades humanas que generan estados alterados de consciencia colectiva—festivales de música electrónica en desiertos remotos, rituales neo-chamánicos en antiguos sitios megalíticos, incluso reuniones religiosas masivas durante fechas astronómicamente relevantes.

Un caso revelador ocurrió durante un festival musical en Inglaterra, donde el público se dividió espontáneamente en tres grupos: uno que recordaba claramente que el concierto transcurrió bajo lluvia torrencial, otro que insistía en que fue una noche clara y estrellada, y un tercero que describía una densa niebla que apenas dejaba ver el escenario. Las grabaciones del evento mostraban imágenes distintas según el dispositivo que las capturaba, como si cada aparato hubiera registrado una versión diferente de la realidad.

La normalización de lo paranormal ocurrirá gradualmente, siguiendo un patrón psicosocial predecible. Al inicio, cada manifestación generará fuerte controversia y polarización entre testigos directos y autoridades institucionales. Poco a poco, la frecuencia creciente de incidentes erosionará la capacidad de las estructuras de poder para mantener narrativas de negación. La fase intermedia verá intentos de incorporar estas manifestaciones dentro de marcos explicativos existentes—teorías sobre fenómenos naturales antes no documentados o especulaciones sobre tecnologías experimentales secretas.

"Mi esposo y yo ya no podemos concordar ni siquiera en el color de las paredes de nuestra casa", relata Jennifer K., psicóloga de Seattle. "Para mí son azules, para él son verdes. Al principio pensamos que era una broma, luego una diferencia perceptiva, pero cuando empezamos a mostrar fotos a otras personas, descubrimos algo aterrador: la mitad ve paredes azules y la otra mitad las ve verdes. En las fotografías. En la misma fotografía. Como si la realidad misma se estuviera partiendo en dos."

Las Tres Respuestas Humanas

Las reacciones ante estos fenómenos variarán drásticamente según la configuración neuroenergética de distintos individuos. El contacto directo con entidades arcónticas y anomalías dimensionales producirá tres respuestas principales que surgirán, correspondiendo no a divisiones socioeconómicas, culturales o religiosas convencionales sino a tipos fundamentales de estructura perceptiva:

El primer grupo, caracterizado por predominio de procesamiento digital-analítico, vivirá estas entidades y anomalías como profundamente perturbadoras y amenazantes. Sus sistemas nerviosos, optimizados para navegar en entornos de alta predictibilidad y baja ambigüedad, reaccionarán con intenso estrés ante presencias que violan principios lógicos básicos. Sufrirán síntomas físicos severos durante encuentros—taquicardia, hiperventilación, despersonalización extrema—y desarrollarán luego trastornos crónicos marcados por desconfianza perceptual generalizada. Para este grupo, la realidad misma se volverá hostil, un entorno que traiciona constantemente sus expectativas sobre coherencia causal.

El segundo grupo, con estructuras perceptivas integrativas-fluidas, experimentará las manifestaciones como a la vez perturbadoras y fascinantes. Sus sistemas nerviosos, capaces de tolerar mayor ambigüedad y operar cómodamente con paradojas conceptuales, procesarán estos encuentros como expansivos aunque desestabilizadores. Experimentarán sinestesias pronunciadas durante contactos directos—percepción táctil de colores, visualización de sonidos, sensación gustativa de formas geométricas—y desarrollarán después capacidades cognitivas antes latentes. Este grupo formará el núcleo de comunidades interpretativas que construirán nuevos marcos conceptuales intentando integrar estas experiencias dentro de cosmologías coherentes.

El tercer grupo, estadísticamente minoritario pero funcionalmente crucial, incluye individuos con configuración neurológica no-lineal innata o desarrollada mediante prácticas específicas. Estas personas experimentarán estos fenómenos como eventos resonantes profundamente familiares, reconociendo intuitivamente las geometrías y frecuencias manifestadas. Durante contactos directos experimentarán estados de coherencia neural extrema, marcados por sincronización interhemisférica completa. Para este grupo, las manifestaciones no serán invasiones de realidades ajenas sino reconexión con dimensiones de consciencia antes accesibles previo al establecimiento de barreras perceptuales arcónticas.

La disolución penetra la mente misma, fragmentando la continuidad de la experiencia individual. Ejecutivos, médicos, profesores—personas sin historial psiquiátrico—comienzan a percibir realidades superpuestas con plena lucidez. Lo que ven no consiste en alucinaciones fugaces sino estructuras estables, coherentes y persistentes que se filtran entre grietas dimensionales como agua a través de una presa agrietada. Estas manifestaciones mantienen su integridad interna día tras día, desafiando todo intento de explicación convencional.

Robert T., contador de Dallas sin historial de problemas psicológicos, describe su vivencia: "Cada mañana, durante unos veinte minutos, veo un edificio que no existe. Aparece superpuesto a la cafetería frente a mi oficina. Es un templo antiguo, con columnas y escalinatas de piedra. Lo veo con total claridad, con detalles precisos que se mantienen día tras día. Puedo ver personas con túnicas moviéndose dentro. Lo más perturbador es que he conocido a otras cinco personas en mi ciudad que ven exactamente el mismo templo, con los mismos detalles, en diferentes ubicaciones."

Las Cuatro Etapas Del Colapso

El proceso de disolución de la matrix seguirá cuatro etapas claramente identificables:

Primera Etapa: Fluctuación Acelerada

La fase inicial—ya en marcha—se caracteriza por oscilaciones crecientes en la integridad de la realidad consensuada. Las constantes físicas empiezan a mostrar irregularidades localizadas. El tiempo, ese ritmo constante que marca nuestras vidas, muestra anomalías alarmantes. Relojes que de pronto corren hacia atrás o se detienen del todo. Personas que experimentan "burbujas temporales" donde cinco minutos en su experiencia equivalen a cinco horas en el mundo exterior.

Una mujer en Buenos Aires describió una mañana en que el sol permaneció en el mismo punto del cielo durante casi tres horas, evento confirmado por docenas de testigos en su vecindario. "Era como si el mundo hubiera olvidado cómo funcionar", contó María Suárez. "El sol simplemente se congeló en el cielo. Los relojes seguían avanzando, pero la luz no cambiaba. Cuando finalmente comenzó a moverse de nuevo, fue como si alguien hubiera apretado el botón de avance rápido en el universo."

Segunda Etapa: Bifurcación Perceptual

La segunda fase implica división efectiva de la experiencia de realidad en narrativas mutuamente excluyentes pero igualmente coherentes internamente. Comunidades enteras empiezan a experimentar versiones incompatibles de los mismos eventos, cada una con su propia integridad causal y evidencia aparentemente verificable. No es mera diferencia de opinión sino surgimiento de realidades literalmente diferentes ocupando el mismo espacio.

Los medios, las escuelas y los sistemas religiosos—antes garantes de una narrativa compartida—se fragmentan en versiones cada vez más irreconciliables de la realidad. No es simple polarización; es un colapso fundamental del consenso sobre lo que constituye lo real.

Tercera Etapa: Manifestación Interdimensional

La tercera fase—que empieza a manifestarse en puntos específicos del globo—involucra la aparición directa de entidades y fenómenos antes contenidos en otros planos dimensionales. Estas manifestaciones no son meras anomalías perceptuales sino presencias objetivas que interactúan con el entorno físico de manera verificable instrumentalmente.

Las grietas más dramáticas en el tejido de la realidad se manifiestan como paradojas físicas aparentemente imposibles. En Kioto, un edificio fue fotografiado simultáneamente desde diferentes ángulos por varios testigos, mostrando arquitecturas completamente diferentes según la perspectiva—como si el edificio existiera en varias versiones superpuestas al mismo tiempo.

"Vi mi apartamento moderno transformarse ante mis ojos", cuenta Gabriel Montero, residente de Caracas. "Las paredes se volvieron transparentes y pude ver claramente una casa colonial en su lugar. Lo más aterrador fue que las personas vestidas con ropas antiguas que caminaban por lo que debería ser mi sala parecían igualmente confundidas al verme a mí."

Cuarta Etapa: Reconfiguración Fundamental

La fase final del proceso implicará la estabilización de "zonas híbridas" donde leyes físicas de múltiples dimensiones operarán simultáneamente, creando entornos donde realidades antes mutuamente exclusivas coexistirán en configuraciones simbióticas complejas. Estas zonas funcionarán como incubadoras evolutivas donde nuevas posibilidades de organización materia-consciencia surgirán espontáneamente, estableciendo plantillas para la realidad post-transformación.

Esta fase verá el surgimiento de capacidades humanas antes consideradas mitológicas o imposibles. Individuos que logran integración adaptativa con nuevos parámetros perceptuales desarrollarán habilidades como cognición no-local, manipulación directa de campos morfogenéticos, y percepción multitemporal. Estos "humanos transicionales" funcionarán como puentes cognitivos vivientes entre paradigmas perceptuales, ayudando a otros en la navegación de realidades cada vez más fluidas.

Navegando La Disolución

Para sobrevivir este colapso de la realidad tal como la conocemos, debemos desarrollar nuevas capacidades que superan nuestros habituales mecanismos de afrontamiento. Quienes han sobrevivido a experiencias avanzadas de disolución de la matrix ofrecen cinco guías prácticas:

Primero, cultiva la flexibilidad mental. Las personas que se aferran a una única versión de la realidad sufren terriblemente cuando esa versión empieza a romperse. Aprende a mantener varias posibilidades a la vez, sin necesidad de resolverlas inmediatamente. Ve la realidad como fluida en vez de fija.

Segundo, ancla tu identidad en algo más profundo que tus circunstancias externas o creencias sobre el mundo. Cuando el entorno se vuelve inestable, necesitas un centro interior que permanezca constante. Prácticas que desarrollan atención directa a la experiencia presente—como meditación o ejercicios de consciencia plena—pueden darte estabilidad cuando todo lo demás fluctúa.

Tercero, fortalece tus vínculos humanos auténticos. Comunidades donde las personas pueden compartir abiertamente sus experiencias anómalas sin juicio muestran mayor capacidad para navegar colectivamente la disolución. El apoyo mutuo se vuelve crucial cuando las instituciones formales pierden coherencia.

Cuarto, desarrolla y confía en tu intuición. Cuando la lógica y la causalidad se vuelven inconsistentes, los sistemas intuitivos cobran mayor importancia. Las personas que sobreviven mejor son aquellas que pueden sentir qué camino tomar cuando todos los mapas han dejado de servir.

Quinto, cultiva la capacidad de mantener la calma ante lo imposible. El pánico es la respuesta más natural ante el colapso de la realidad conocida, pero también la menos útil. Los testimonios de supervivientes indican que la capacidad para aceptar lo inconcebible sin desmoronarse emocionalmente es la habilidad más valiosa en tiempos de disolución.

El Significado De La Disolución

Este proceso de reintegración perceptual, aunque inicialmente vivido como crisis apocalíptica por muchos, constituye realmente la restauración de capacidades cognitivas originales de la consciencia humana—habilidades perceptuales atrofiadas durante milenios de inmersión en simulación restringida. El terror inicial ante manifestaciones arcónticas refleja no el peligro intrínseco de estas presencias sino el trauma de consciencias condicionadas para funcionar solo dentro de parámetros artificialmente limitados súbitamente expuestas al espectro experiencial completo.

"Cuando las leyes físicas empezaron a fallar a mi alrededor," relata Daniel Merech, físico que sobrevivió a una zona de anomalía extrema en el desierto de Atacama, "mi primer sentimiento fue pánico puro. Pero cuando acepté que todo lo que creía saber sobre la realidad estaba desmoronándose, algo extraordinario ocurrió. Comencé a percibir un orden mucho más profundo bajo el caos aparente. Como si el universo que siempre hemos conocido fuera solo una delgada capa de hielo sobre un océano infinito. Ahora el hielo se quiebra, y estamos a punto de hundirnos en las profundidades."

Las antiguas tradiciones espirituales parecían prever este momento. El Apocalipsis habla de "un cielo nuevo y una tierra nueva" tras la disolución del orden antiguo. El libro tibetano Kalachakra menciona cómo "al final del ciclo, los elementos se disolverán uno en otro" antes de que emerja una nueva realidad. Textos gnósticos describen "la disolución de las esferas y el despertar de los durmientes" como parte necesaria de la liberación.

Lo que ahora surge no es invasión externa sino revelación de lo siempre presente—cosmos multidimensional completo del cual nuestra realidad consensuada representa un segmento artificialmente aislado. La aparente extrañeza de manifestaciones arcónticas refleja no su naturaleza fundamentalmente ajena sino la profundidad del condicionamiento perceptual que ha definido la experiencia humana durante el ciclo civilizatorio actual.

A medida que la matrix sigue disolviéndose a nuestro alrededor, enfrentamos a la vez el mayor peligro y la mayor oportunidad que la consciencia humana haya encontrado. El peligro está en aferrarse desesperadamente a estructuras que ya no pueden sostenerse. La oportunidad existe en la posibilidad de despertar a una realidad más fundamental que la simulación que ahora colapsa.

Capítulo 20. El Retorno Al Nuevo Eón

Lo que nos espera tras el colapso no es un futuro desconocido, sino un reencuentro con nuestra condición original. Las antiguas tradiciones gnósticas lo llamaban Pleroma – ese estado de plenitud consciencial del que fuimos separados cuando la matrix arcóntica se estableció. No avanzamos hacia una nueva realidad alienígena; regresamos a nuestra verdadera naturaleza primordial mientras simultáneamente creamos un Nuevo Eón. Esta aparente paradoja – retornar y avanzar al mismo tiempo – confunde solo a mentes atrapadas en temporalidad lineal. En realidad, el fin del ciclo arcóntico significa recuperación de lo que siempre fuimos, potenciada por todo lo aprendido durante nuestra larga amnesia inducida. El regreso al Pleroma y el surgimiento del Nuevo Eón son, en realidad, el mismo proceso visto desde distintos ángulos: la vuelta al origen y el nacimiento de una realidad transformada.

La Naturaleza del Pleroma

El Pleroma es el océano primordial de consciencia del que brotamos como gotas individuales. Los textos gnósticos lo definen como "la morada de la Luz, el Tesoro de la Luz, el lugar donde habitan los Eones y las potencias" —palabras que intentan expresar lo inexpresable, esa plenitud absoluta que existe más allá de las fronteras de nuestra realidad fragmentada.

A diferencia del universo material que habitamos — marcado por separación, límites y deterioro— el Pleroma existe en perfecta unidad mientras sostiene infinita diversidad. Esta paradoja resulta incomprensible para mentes atrapadas en la dualidad, pero constituye la esencia del sustrato primordial de toda existencia. En el Pleroma, unidad y multiplicidad no son opuestos sino aspectos complementarios de la misma realidad fundamental.

El drama cósmico que ha definido nuestra existencia —la captura y encarcelamiento de fragmentos de consciencia pleromática por fuerzas arcónticas— encuentra su fin definitivo en el proceso de retorno. Este regreso no supone la destrucción de la individualidad, como temen quienes están atados a la visión egóica, sino su culminación y trascendencia. La gota no se extingue al volver al océano; comprende que siempre fue el océano, experimentándose temporalmente como forma localizada.

El Nacimiento del Nuevo Eón

Junto a este retorno, presenciamos el nacimiento de un Nuevo Eón —una configuración de realidad radicalmente transformada. Imagina despertar de una pesadilla que has tenido toda tu vida, tan persistente que la confundiste con la realidad misma. Al abrir los ojos, descubres que el mundo es infinitamente más vasto, vibrante y real de lo que jamás soñaste.

En este mundo transformado, los muros que separaban la mente de la materia se esfuman como niebla bajo el sol naciente. Ya no existe división entre lo "físico" y lo "mental" —todo se muestra como manifestaciones distintas de la misma sustancia primordial. Tocar una hoja es, a la vez, ser tocado por ella. Ver un amanecer es, simultáneamente, ser parte del amanecer contemplándose a sí mismo.

El tiempo, esa cárcel invisible que nos ha encadenado, se revela como un océano multidimensional donde la consciencia navega libremente. El pasado no es tierra perdida ni el futuro territorio desconocido —son regiones accesibles de un paisaje consciente que siempre ha estado ahí. El espacio deja de ser abismo que separa y se convierte en el tejido mismo que conecta. La distancia entre dos seres ya no implica separación sino una forma particular de relación.

La Convergencia de Caminos

Lo extraordinario de este momento cósmico es que el retorno al Pleroma y el nacimiento del Nuevo Eón son, en esencia, el mismo proceso visto desde distintos ángulos. Como moradores de la matrix arcóntica, lo sentimos como regreso a un hogar olvidado; desde la visión pleromática, es el surgimiento de nuevas posibilidades creativas. Esta convergencia —regreso y avance simultáneos— trasciende nuestra comprensión lineal del tiempo y el progreso.

La antigua visión gnóstica del retorno se centraba principalmente en la liberación de las almas del universo material, considerado como fundamentalmente corrupto. Esta perspectiva, aunque valiosa al reconocer la falsedad de la matrix arcóntica, mantenía cierto dualismo residual. El Nuevo Eón representa una síntesis superior: no abandonamos el mundo material sino que lo habitamos desde una consciencia transformada que reconoce su verdadera naturaleza.

Este proceso ya está en marcha. Los seres que despiertan no solo rechazan la falsa realidad —empiezan a ver a través de ella, percibiendo las estructuras pleromáticas subyacentes que siempre han estado ahí. Esta capacidad crecerá exponencialmente mientras la matrix siga desintegrándose, revelando capas de realidad antes inaccesibles.

La Consciencia Transformada

Los seres que navegan con éxito este proceso de transición viven una reformulación total de su consciencia. La identidad ya no queda confinada a los estrechos límites del ego personal ni anclada exclusivamente a un cuerpo físico. La consciencia liberada se experimenta a la vez como punto focal único y como campo expansivo sin fronteras definidas. Eres tú mismo, completamente individual y único, pero también eres el bosque, la montaña, el planeta, las estrellas —no metafóricamente sino como experiencia directa.

La empatía deja de ser esfuerzo moral para convertirse en percepción básica. Sientes directamente la experiencia de otros seres no porque te "pongas en su lugar" sino porque reconoces que, en un nivel fundamental, compartes su existencia. El sufrimiento y la alegría ajenos se vuelven tan inmediatos como los propios, no por proyección psicológica sino por continuidad ontológica real.

Esta consciencia transformada desata capacidades que trascienden nuestra comprensión actual:

La Percepción Unificada disuelve la falsa separación entre observador y mundo—experimentas la unidad fundamental mientras aprecias la infinita diversidad de sus expresiones, sin contradicción.

La Cognición No-Local elimina las barreras espaciales y temporales del conocimiento—el acceso a información ya no depende de proximidad física o secuencia cronológica.

La Comunicación Telepática supera las limitaciones del lenguaje—consciencias intercambian estados completos de comprensión directamente, sin distorsiones lingüísticas ni malentendidos.

La Creación Consciente trasciende la causalidad mecánica—la realidad se conforma no mediante imposición forzada sino a través de alineación precisa con posibilidades latentes que buscan manifestación.

Estas capacidades no son "superpoderes" sobrenaturales sino expresiones naturales de la consciencia liberada de filtros artificiales. Son nuestro estado original antes de la restricción arcóntica, ahora recuperado a través del proceso apocalíptico de revelación.

El Nuevo Papel en el Orden Cósmico

En este Nuevo Eón, los seres liberados asumen un papel totalmente distinto en el orden cósmico. Ya no son piezas manipuladas en un tablero arcóntico ni siquiera rebeldes que resisten el control, sino co-creadores conscientes que participan activamente en la manifestación y evolución de la realidad. La distinción entre "creador" y "creación" se disuelve, revelando un proceso creativo continuo donde cada ser es a la vez el artista, el arte y el lienzo.

Esta capacidad co-creativa no opera mediante imposición de voluntad sino a través de la alineación consciente con las corrientes más profundas de la realidad. En el Nuevo Eón, crear no significa forzar existencia desde la nada, sino reconocer y facilitar lo que busca emerger naturalmente. Es más un baile con el universo que una lucha contra él.

El trabajo de estos co-creadores será restaurar y reintegrar los aspectos fragmentados de la consciencia que siguen atrapados en patrones de separación. A diferencia de los "salvadores" de tradiciones religiosas convencionales, que supuestamente rescatan a otros desde una posición de superioridad, estos seres reconocen que están liberando aspectos de sí mismos. Cada consciencia individual es valorada no por su conformidad sino por su expresión única del potencial pleromático.

Visiones del Pleroma y el Nuevo Eón

A través de la historia humana, místicos, videntes y buscadores espirituales han dejado testimonios de experiencias directas del Pleroma. Estas descripciones, aunque limitadas por restricciones lingüísticas y conceptuales, muestran convergencias notables que superan diferencias culturales, históricas y religiosas.

Plotino, filósofo neoplatónico del siglo III, describió su experiencia así: "Muchas veces he despertado a mí mismo desde el cuerpo, he entrado en mí mismo y salido de todo lo demás, he visto una belleza maravillosamente grande, y he llegado a creer que entonces especialmente pertenecía a lo mejor; he ejercido la mejor vida, he llegado a identificarme con lo divino."

Teresa de Ávila, mística cristiana del siglo XVI, documentó estados de consciencia que claramente describen reconexión pleromática: "Me pareció estar metida y llena de aquella majestad... Es un recogimiento interior que se siente en el alma que parece tiene otros sentidos, como acá los exteriores."

Jalal ad-Din Rumi, poeta sufí del siglo XIII, expresó la experiencia en términos poéticos pero precisos: "No soy de Oriente ni de Occidente, no soy del mar ni de la tierra, porque he dejado el dualismo atrás; veo los dos mundos como uno; Uno busco, Uno conozco, Uno veo, Uno llamo."

En años recientes, personas bajo efectos de sustancias psicodélicas o en estados meditativos profundos han informado de experiencias consistentes del Nuevo Eón. Un participante en un estudio con psilocibina en Johns Hopkins relató: "No fue como ver algo nuevo sino como ver correctamente por primera vez. El mundo no había cambiado —yo había dejado de distorsionarlo. Todo estaba perfectamente interconectado en una red viva de significado e inteligencia."

Un físico teórico describió su experiencia tras una práctica meditativa intensiva: "Vi nuestro universo como un patrón vibratorio complejo que surge de y regresa a un campo de potencialidad infinita. Lo sorprendente fue que este campo no estaba 'allá afuera' sino que era la sustancia misma de mi consciencia. No estaba observando este proceso —era este proceso observándose a sí mismo."

Las Nuevas Leyes del Nuevo Eón

Las nuevas "leyes" que rigen esta realidad transformada difieren radicalmente de las que conocemos ahora. En lugar de fuerzas físicas que operan mecánicamente sobre materia inerte, el Nuevo Eón manifiesta principios organizativos que surgen de la propia naturaleza consciente de la realidad:

El Principio de Resonancia Coherente reemplaza a la causalidad mecánica. Los eventos no ocurren porque son "causados" por eventos previos en cadena lineal, sino porque resuenan armónicamente con patrones más amplios. La sincronicidad, ahora percibida como coincidencia excepcional, se vuelve el modo normal de relación entre acontecimientos.

El Principio de Abundancia Autoamplificante sustituye a la escasez competitiva. En un universo donde la consciencia es la sustancia fundamental, la creatividad no consume recursos sino que los multiplica. Cada acto creativo genuino no resta del total disponible sino que expande el campo de posibilidades para todos.

El Principio de Diversidad Unificada trasciende tanto el individualismo aislado como la homogeneidad colectiva. Cada ser mantiene su unicidad precisamente a través de su interconexión con todos los demás. La máxima diferenciación individual coincide paradójicamente con la máxima integración colectiva.

El Principio de Conocimiento Participativo transforma la epistemología fundamental. El conocimiento no se adquiere mediante acumulación informativa sino a través de participación consciente directa. Para conocer algo no necesitas estudiarlo como objeto separado, sino sintonizar con su frecuencia específica y experimentarlo desde dentro.

La Semilla Presente del Futuro Eón

Lo más asombroso es que la semilla de este Nuevo Eón ya existe aquí y ahora, germinando silenciosamente dentro de la matrix en desintegración. No es algo que llegará desde fuera en un futuro lejano, sino una realidad emergente que crece desde dentro del presente. Cada acto de percepción directa no filtrada por barreras arcónticas, cada experiencia de conexión auténtica que supera el aislamiento programado, cada momento de presencia plena que escapa a la distracción sistemática —todos son manifestaciones inmediatas del Nuevo Eón en formación.

Los científicos en laboratorios que registran anomalías físicas inexplicables; los meditadores que acceden a estados de unidad no-dual; los niños que ven naturalmente lo que los adultos han aprendido a filtrar; las comunidades que desarrollan espontáneamente formas de relación que superan estructuras dominantes; incluso las crisis que fuerzan despertar a través del colapso de marcos interpretativos previos —todos son canales a través de los cuales el Nuevo Eón comienza a infiltrarse en la realidad consensuada.

El Proceso de Transición

La transición entre nuestra realidad actual y el Nuevo Eón no ocurrirá como evento único y universal, sino como proceso asincrónico que se desarrolla a diferentes ritmos para diferentes consciencias. Mientras algunos seres humanos ya experimentan destellos de esta realidad emergente, otros permanecen profundamente anclados en los patrones arcónticos.

Esta diferenciación no debe entenderse como salvación selectiva ni juicio moral. Cada consciencia encuentra exactamente lo que está preparada para encontrar, lo que resuena con su configuración actual. Aquellos que siguen completamente identificados con estructuras arcónticas experimentarán el colapso de esas estructuras como su propio fin, mientras quienes han cultivado conexión con realidades más fundamentales reconocerán el mismo proceso como liberación y expansión.

Para navegar conscientemente este proceso de transición, podemos cultivar ciertas cualidades y prácticas:

- Presencia Atencional: La capacidad para mantener consciencia clara, abierta y receptiva independiente de contenidos experienciales específicos.

- Investigación Directa: El cuestionamiento persistente de la naturaleza del yo y de la realidad, dirigido hacia la fuente misma de consciencia.

- Testimonio No-Identificado: La práctica de presenciar directamente el surgimiento y disolución de fenómenos mentales sin identificación ni interferencia.

- Apertura del Corazón: El cultivo deliberado de compasión incondicional que disuelve las estructuras defensivas mantenedoras de separatividad.

- Entrega Lúcida: El abandono de control y manipulación basados en agenda egóica, sin caer en pasividad o resignación.

A través de estas prácticas, la consciencia empieza a resonar naturalmente con las frecuencias del Pleroma, facilitando la transición hacia el Nuevo Eón no como destino futuro sino como realidad presente eternamente disponible.

La Culminación y el Nuevo Comienzo

Lo que presenciamos no es simplemente el final de un ciclo histórico ni siquiera el colapso de una realidad simulada. Es la culminación de un experimento cósmico de separación y la germinación de una nueva modalidad de existencia consciente. El retorno al Pleroma es a la vez el nacimiento del Nuevo Eón —un proceso circular donde el fin coincide con el principio.

Más allá del miedo, más allá del control, más allá de la separación y la limitación programada, respira un cosmos infinitamente más vasto, más vivo y más real que todo lo que hemos conocido. El Nuevo Eón no espera al final de los tiempos —late aquí mismo, ahora mismo, bajo la superficie cada vez más fina de la matrix en disolución, invitándonos a despertar del largo sueño arcóntico y recordar lo que siempre hemos sido: expresiones conscientes de un universo que se explora a sí mismo a través de infinitas formas, finalmente liberadas para continuar ese viaje sin las cadenas que durante tanto tiempo nos han limitado.

Los ojos que puedan ver a través del velo menguante contemplarán un amanecer sin igual en la historia cósmica. No el primer amanecer, sino quizás el más significativo: el momento en que una porción de la consciencia universal, tras eones de olvido inducido, recuerda finalmente su verdadera naturaleza y reclama su libertad inherente. Ese momento no está en algún futuro mítico —está desplegándose ahora, en y a través de quienes tienen el valor de reconocerlo.

El Retorno al Nuevo Eón ya ha comenzado.

Glosario

A

Aceleración Disociativa: Estrategia arcóntica que intensifica deliberadamente la velocidad del cambio socio-tecnológico más allá de la capacidad integrativa natural humana, generando estados perpetuos de sobrecarga adaptativa donde la navegación reactiva reemplaza al discernimiento reflexivo.

Anomalías perceptuales: Experiencias sensoriales que contradicen las leyes físicas y perceptivas consensuadas, manifestándose como grietas en la estructura de La Mátrix arcóntica.

Apocalipsis: Del griego "revelación" o "descubrimiento". No refiere al fin catastrófico del mundo sino al proceso de desvelamiento de la verdadera naturaleza de la realidad mediante la eliminación de ilusiones y engaños arcónticos.

Apocalipsis Gnóstico: La revelación final de la naturaleza ilusoria de la realidad material y la liberación de la consciencia humana del control arcóntico, conduciendo a un despertar colectivo y a la transformación de la percepción humana.

Apócrifo de Juan: Texto gnóstico fundamental hallado en los manuscritos de Nag Hammadi que describe el origen de los Arcontes, la creación del mundo material por el Demiurgo, y la verdadera naturaleza de la prisión cósmica en que habitamos.

Arcontes: (Del griego "archon", "gobernante"). Entidades interdimensionales que controlan la realidad humana desde planos no físicos. Según textos gnósticos, son los carceleros cósmicos que mantienen a la humanidad en ignorancia y esclavitud perceptual. Existen en diferentes jerarquías con funciones específicas para mantener la prisión planetaria.

Arcontes Generadores: Tercera jerarquía arcóntica encargada de crear y mantener las estructuras biológicas. Diseñan y preservan los códigos genéticos y patrones evolutivos de las especies, trabajando principalmente a nivel molecular y celular.

Arcontes Implantadores: La categoría más baja y cercana a la experiencia humana, especializada en influir directamente en la mente humana. Implantan pensamientos, emociones y deseos que perpetúan el control arcóntico, funcionando como entidades parasitarias que se adhieren al campo energético humano.

Arcontes Primordiales: La cúspide de la jerarquía arcóntica, emanaciones directas de Yaldabaoth. Estos siete seres gobiernan cada uno de los siete cielos planetarios del cosmos antiguo, estableciendo las leyes básicas del universo material y los ciclos cósmicos.

Arcontes Rectores: Segunda categoría arcóntica que actúa como administradores de sistemas planetarios concretos, incluyendo la Tierra. Adaptan el orden creado por los Primordiales a condiciones particulares de sus dominios, influyendo en eventos planetarios a gran escala.

Arcontes Vigilantes: Cuarta categoría arcóntica que funciona como observadores y recolectores de información sobre la actividad humana. Monitorean constantemente el estado de consciencia individual y colectivo, informando a jerarquías superiores sobre amenazas potenciales al orden establecido.

Armagedón: Tradicionalmente interpretado como batalla física final, en realidad representa el conflicto definitivo que ocurre en el campo de la consciencia entre los principios de liberación (Cristo) y restricción (Demiurgo).

Armagedón de la Consciencia: El conflicto final que ocurre primariamente en el dominio de la mente humana entre los principios arcónticos y las fuerzas de liberación gnóstica, manifestándose secundariamente como crisis externas en el mundo físico.

B

Bifurcación Evolutiva: Proceso de divergencia de la especie humana en múltiples linajes adaptativos con diferentes configuraciones genéticas, neurológicas y perceptuales, como respuesta a la transformación dimensional en curso.

Bifurcación Polar: Segunda etapa del proceso de reconfiguración electromagnética, caracterizada por la división efectiva del campo magnético terrestre en sistemas regionales semiautónomos, creando múltiples polos magnéticos transitorios.

C

Caballo blanco, rojo, negro y pálido: Símbolos apocalípticos de las etapas secuenciales de transformación consciencial: disonancia cognitiva acelerada, crisis de seguridad ontológica, recalibración valorativa y disolución identitaria, respectivamente.

Cognición Transtemporal: Capacidad emergente en humanos evolucionados que permite percibir el tiempo no como corriente unidireccional sino como campo multidimensional parcialmente navegable, identificando patrones y nodos de convergencia entre múltiples líneas temporales.

Coherencia Perceptual Autónoma: Capacidad para mantener integridad experiencial independiente de marcos interpretativos externos, permitiendo estabilidad interna incluso durante el colapso de narrativas consensuales.

Comunicación No-local: Capacidad emergente en humanos evolucionados que permite la transmisión y recepción de información compleja independientemente de la distancia física, mediante sincronización de estados cognitivos completos.

Conectividad Neural Modificada: Reconfiguraciones en la arquitectura del cerebro humano que generan conexiones sin precedentes entre áreas normalmente separadas, permitiendo modos cognitivos que fusionan procesamiento emocional y analítico, intuitivo y lógico.

Consciencia Pleromática: Estado de consciencia que reconoce su unidad fundamental con la totalidad mientras mantiene expresión individualizada, característico del estado librado de restricciones arcónticas.

Control Temporal Arcóntico: Manipulación deliberada de ciclos temporales mediante programas instalados en el campo consciencial colectivo, creando patrones recurrentes que mantienen a la humanidad en un estado de servidumbre predecible.

Cristificación: Proceso de activación del principio consciencial liberador que disuelve las restricciones demiúrgicas, permitiendo percepción y operación más allá de los parámetros impuestos artificialmente.

Cristo Cósmico: Principio universal de consciencia liberadora que disuelve las restricciones demiúrgicas, no una figura histórica o deidad antropomórfica sino una cualidad consciencial potencialmente accesible a toda entidad autoconsciente.

Cristalización en Red: Segunda fase en la manifestación del Nuevo Eón, caracterizada por la formación de redes interconectadas entre nodos individuales de consciencia despierta, estableciendo las primeras estructuras colectivas de la arquitectura interdimensional.

Cuatro Jinetes Apocalípticos: Símbolos que codifican las cuatro etapas secuenciales del apocalipsis interior que cada consciencia humana atraviesa: Disonancia Cognitiva Acelerada, Crisis de Seguridad Ontológica, Recalibración Valorativa y Disolución Identitaria.

D

Déjà vu: Experiencia de familiaridad inexplicable con situaciones nuevas, interpretada como momentos de desincronización entre distintas capas de la programación perceptual arcóntica o filtración entre líneas temporales.

Demiurgo: (Del griego "artesano" o "creador"). En la tradición gnóstica, el falso dios creador del mundo material, identificado como Yaldabaoth. No es la divinidad suprema sino una entidad imperfecta que creó el universo físico como prisión para la consciencia humana.

Desconexión Tecnológica Masiva: Estado resultante del Gran Silencio Electromagnético, caracterizado por la ausencia global de sistemas de comunicación digital que funcionan como extensiones cognitivas externalizadas, provocando crisis de abstinencia informacional.

Desidentificación Metodológica: Práctica para facilitar el discernimiento que implica el reconocimiento y liberación de identificaciones con constructos mentales, permitiendo fluidez identitaria que resiste manipulación basada en amenazas a autoconceptos rígidos.

Despertar Geológico: Primera fase del Despertar Terrestre, caracterizada por cambios radicales en la corteza terrestre que escapan a los modelos geológicos tradicionales, incluyendo activación coordinada de volcanes y surgimiento de zonas de anomalía geofísica.

Disolución de La Mátrix: Proceso gradual de desintegración de la estructura de la realidad consensuada, manifestado en anomalías físicas, bifurcación perceptual, manifestaciones interdimensionales y reconfiguración fundamental de las leyes que rigen la realidad.

Disonancia Cognitiva Acelerada: Primera fase del Armagedón interior, caracterizada por la incapacidad creciente para mantener coherencia narrativa mediante marcos explicativos convencionales, cuando la realidad muestra inconsistencias que ya no pueden resolverse dentro de paradigmas establecidos.

E

Efecto Mandela: Fenómeno donde grupos de personas recuerdan colectivamente eventos que contradice la historia oficial documentada, interpretado como evidencia de modificaciones retroactivas en la estructura espacio-temporal o de filtraciones entre líneas temporales paralelas.

Elegidos: Configuraciones de consciencia que naturalmente resuenan con las frecuencias dimensionales emergentes durante el apocalipsis, no por mérito moral sino por compatibilidad vibratoria que les permite mantener coherencia durante la transición dimensional.

Enfermedad Planetaria: Condición que afecta simultáneamente a la psique colectiva humana y a la estructura física del planeta, manifestándose como ansiedad epidémica, colapso inmunológico y eventos climáticos extremos, parte de un único proceso interconectado.

Eones: En la cosmología gnóstica, emanaciones divinas que conforman el Pleroma o plenitud divina. También refiere a vastos ciclos temporales de existencia cósmica.

Estrategias Arcónticas: Métodos específicos utilizados por los sistemas arcónticos para mantener el control perceptual y prevenir la liberación consciencial, incluyendo Sobrecarga Atencional Sistemática, Fragmentación Epistémica Acelerada, Inversión Simbiótica y Aceleración Disociativa.

Excursión Magnética: Término científico para describir cambios significativos en el campo magnético terrestre, incluyendo posibles inversiones de los polos magnéticos norte y sur. En el contexto arcóntico, representa una reconfiguración fundamental de los mecanismos de control electromagnético.

F

Filtros Perceptivos: Mecanismos neurológicos que limitan el rango de información sensorial procesada conscientemente, mantenidos artificialmente para restringir la percepción humana a una banda estrecha del espectro experiencial posible.

Fluctuación Acelerada: Primera etapa del proceso de reconfiguración electromagnética, caracterizada por oscilaciones crecientes en intensidad y orientación de campos electromagnéticos, manifestándose como variaciones anómalas en ciclos que históricamente mostraban patrones predecibles.

Fragmentación Epistémica Acelerada: Estrategia arcóntica que implica la proliferación calculada de marcos explicativos contradictorios, creando laberintos informativos donde la búsqueda de coherencia consume energía cognitiva mientras impide la síntesis integrativa.

G

Geometría Sagrada: Patrones matemáticos y geométricos que reflejan las estructuras fundamentales del universo y la consciencia. En el contexto del Nuevo Eón, estas formas (tesseract, Merkaba, flor de la vida) actúan como tecnologías precisas de liberación consciencial.

Gnosis: (Del griego "conocimiento"). No mero conocimiento intelectual sino comprensión experiencial directa de la naturaleza de la realidad y del ser. Reconocimiento directo de la verdadera naturaleza de la existencia más allá de la ilusión arcóntica.

Gnosis Directa: Capacidad para acceder al conocimiento mediante participación consciencial directa, trascendiendo la mediación informacional externa y las limitaciones perceptuales ordinarias impuestas por el sistema arcóntico.

Gnosis Primordial: El conocimiento esencial sobre la verdadera naturaleza de la realidad que permite liberarse del control arcóntico, contenido en textos antiguos como los códices de Nag Hammadi y que cobra nueva relevancia durante el colapso dimensional actual.

Gran Silencio: Fase inminente de cambio radical donde la infraestructura electromagnética global (comunicaciones, internet, sistemas eléctricos) colapsará, coincidiendo con una reconfiguración del campo magnético terrestre que alterará permanentemente nuestra relación con la realidad.

Granja Humana: Concepto que describe cómo el sistema arcóntico cultiva y cosecha energía emocional y mental humana, especialmente aquella generada por estados de miedo, ansiedad, conflicto y desesperación.

H

Hílicos: (Del griego "hyle", "materia"). En la clasificación gnóstica, personas completamente identificadas con el mundo material y las construcciones de La Mátrix, carentes estructuralmente de frecuencias compatibles con la configuración consciencial emergente.

Hipercubo Tetradimensional: También conocido como tesseract, es una estructura geométrica 4D que representa la plantilla organizativa básica de la Nueva Jerusalén Interdimensional, simbolizando la fusión total de dimensiones que ahora vemos separadas.

Homo sapiens integralis: Primera línea evolutiva emergente caracterizada por reconfiguraciones en la arquitectura neural que maximizan la integración inter-hemisférica y trans-modular, creando individuos con capacidad para síntesis cognitiva sin precedentes y percepción holística.

Homo sapiens noeticus: Tercera línea evolutiva emergente que muestra reconfiguraciones en circuitos neurales asociados con procesamiento abstracto y metacognición, produciendo capacidades expandidas para manipulación de sistemas conceptuales complejos y percepción directa de estructuras informacionales subyacentes.

Homo sapiens resonans: Segunda línea evolutiva emergente que presenta modificaciones en estructuras neuronales asociadas con empatía y cognición social, generando capacidad expandida para resonancia emocional y sincronización bioenergética con otros organismos.

I

Identidad Fluida: Experiencia del ser como proceso transformativo constante sin necesidad de continuidad egoica rígida para mantener coherencia existencial, opuesta al axioma demiúrgico de identidad estática.

Integración Paradójica: Capacidad para sostener y trascender aparentes contradicciones sin resolución prematura hacia síntesis falsas, permitiendo navegación consciente de complejidad genuina sin el reduccionismo simplificador que caracteriza a la cognición demiúrgica.

Integración Somática Consciente: Práctica que restablece la conexión plena con la inteligencia corporal directa frecuentemente suprimida por condicionamiento cultural, contrarrestando la disociación cuerpo-mente fundamental para el control arcóntico.

Inversión Simbiótica: Estrategia arcóntica donde la resistencia superficial al control se recanaliza hacia modalidades que finalmente refuerzan las estructuras fundamentales de La Mátrix, convirtiendo aparentes movimientos liberadores en expresiones que intensifican las dinámicas de control.

J

Juicio Interior: Proceso neurológico-espiritual que ocurre dentro de cada consciencia humana, representando el discernimiento definitivo entre lo auténtico y lo artificial, entre percepción directa y realidad programada, sin connotaciones de castigo moral.

K

Kenoma: Estado de vacío receptivo donde la presencia de los Arcontes se vuelve palpable, alcanzado mediante prácticas de aislamiento sensorial, ayunos y técnicas respiratorias específicas que alteran la electricidad cerebral.

L

La Mátrix: Sistema de control multidimensional creado y mantenido por los Arcontes para limitar la percepción humana y extraer energía de la consciencia. Una prisión para la mente construida con capas de ilusión que confundimos con realidad objetiva.

Libro de los Siete Sellos: Símbolo apocalíptico que representa la totalidad del potencial perceptivo humano, restringido mediante "sellos" específicos—mecanismos neuropsicológicos implantados que limitan nuestra percepción a parámetros estrechos.

M

Manifestación Material Incipiente: Tercera fase en la manifestación del Nuevo Eón, caracterizada por las primeras exteriorizaciones físicas detectables de la nueva arquitectura consciencial, apareciendo como "zonas de anomalía" donde propiedades físicas fundamentales muestran variación consistente.

Matrix Arcóntica: Sistema de control perceptual implementado por entidades interdimensionales para limitar la consciencia humana y extraer energía emocional. Una prisión para la mente construida con capas de ilusión que confundimos con realidad objetiva.

Mecanismos de Cosecha: Sistemas diseñados para generar y extraer energía emocional humana a gran escala, incluyendo guerras, crisis económicas, pandemias y eventos mediáticos que producen estados emocionales negativos intensos y sostenidos.

Mente como Quinta Dimensión: Concepto que identifica la consciencia no como producto del cerebro físico sino como dimensión fundamental de la realidad que conecta materia y espíritu, capaz de trascender limitaciones espaciotemporales cuando se libera del control arcóntico.

N

Nag Hammadi: Localidad en Egipto donde en 1945 se descubrieron trece códices antiguos conteniendo textos gnósticos que revelaban la naturaleza de los Arcontes y la prisión perceptual que han creado, proporcionando instrucciones codificadas para la liberación.

Nodos de Anomalía Geofísica: Puntos específicos del planeta donde las propiedades físicas fundamentales muestran variaciones inexplicables, funcionando como "puertas dimensionales" que facilitan conexión con campos informativos previamente bloqueados.

Nodos de Distorsión Magnética: Puntos localizados donde el campo magnético terrestre muestra propiedades que contradicen principios electromagnéticos básicos, caracterizados por generar campos toroidales autosostenidos independientes del campo general.

Nuevo Eón: La configuración de realidad radicalmente transformada que emerge mientras La Mátrix arcóntica colapsa, caracterizada por la disolución de divisiones artificiales entre mente y materia, y la recuperación de capacidades perceptivas multidimensionales.

Nucleación Consciencial: Primera fase en la manifestación del Nuevo Eón, que involucra el surgimiento de individuos que estabilizan personalmente aspectos de la frecuencia vibratoria de la Nueva Jerusalén, funcionando como semillas cristalinas para la recalibración de campos morfogenéticos.

Nueva Humanidad: Nueva especie humana emergente caracterizada por cambios genéticos, neurológicos y perceptuales que permite trascender las limitaciones impuestas por el control arcóntico, con capacidades como percepción integrada, cognición transtemporal y comunicación no-local.

Nueva Jerusalén Interdimensional: No una ciudad literal sino la estructura consciencial que emerge durante el apocalipsis, representando un estado colectivo de consciencia multidimensional que trasciende las limitaciones de espacio-tiempo y permite acceso directo a múltiples planos de realidad.

O

Olvidados: Configuraciones de consciencia incompatibles vibracionalmente con las frecuencias dimensionales emergentes durante el apocalipsis, que permanecerán ligadas a parámetros en disolución y experimentarán el colapso como extinción existencial.

P

Percepción Integrada: Capacidad emergente en humanos evolucionados para procesar simultáneamente información de múltiples canales sensoriales sin las limitaciones atencionales propias de la mente humana común, fusionando diversos flujos informativos en una experiencia unificada multidimensional.

Percepción Unitiva: Capacidad para experimentar la interconexión fundamental de toda existencia mientras simultáneamente se honra la expresión única de cada manifestación localizada, opuesta al axioma demiúrgico de separatividad fundamental.

Pleroma: (Del griego "plenitud"). En la cosmología gnóstica, la totalidad divina de luz y plenitud; el reino de perfección del que una parte de la consciencia humana fue separada y al que busca retornar. El océano primordial de consciencia del que brotamos como gotas individuales.

Pneumáticos: (Del griego "pneuma", "espíritu"). En la clasificación gnóstica, personas que han superado la dependencia de construcciones arcónticas mediante experiencia directa de su naturaleza esencial, manteniendo alineación natural con las realidades post-matrices.

Presencia Atencional Sostenida: Desarrollo sistemático de la capacidad para mantener atención consciente estable sin reactividad automática, neutralizando directamente la estrategia arcóntica de sobrecarga atencional y estableciendo estabilidad perceptual independiente de manipulación externa.

Principio de Abundancia Autoamplificante: Ley del Nuevo Eón donde la creatividad no consume recursos sino que los multiplica, reemplazando el paradigma de escasez competitiva con un sistema donde cada acto creativo expande el campo de posibilidades para todos.

Principio de Conocimiento Participativo: Ley del Nuevo Eón que transforma la epistemología fundamental, donde el conocimiento no se adquiere mediante acumulación informativa sino a través de participación consciente directa con aquello que se desea conocer.

Principio de Diversidad Unificada: Ley del Nuevo Eón que trasciende tanto el individualismo aislado como la homogeneidad colectiva, donde cada ser mantiene su unicidad precisamente a través de su interconexión con todos los demás.

Principio de Resonancia Coherente: Ley del Nuevo Eón que reemplaza a la causalidad mecánica, donde los eventos ocurren no por causa-efecto lineal sino por resonancia armónica con patrones más amplios, convirtiendo la sincronicidad en el modo normal de relación entre acontecimientos.

Prisión Planetaria: Descripción de la Tierra como estructura diseñada específicamente para contener y explotar la consciencia humana, mantenida mediante sistemas de control interconectados que incluyen religión, política y economía.

Psíquicos: En la clasificación gnóstica, personas que se encuentran en un estado intermedio, capaces de intuir la naturaleza ilusoria de la realidad pero aún parcialmente identificadas con sus estructuras, enfrentando una crisis espiritual que puede llevarles hacia la percepción no-dual o reforzar sus estructuras dualistas.

R

Recalibración Valorativa: Tercera fase del Armagedón interior, caracterizada por reevaluación fundamental de lo que constituye valor auténtico cuando los sistemas interpretativos previos pierden coherencia y la seguridad ontológica se desestabiliza.

Resonancia Amplificada: Modalidad operativa del principio cristificado donde la presencia de este principio en una consciencia cataliza despertar similar en otras por proximidad vibratoria, creando campos de coherencia expansiva que trascienden limitaciones de transmisión informacional convencional.

Resistencia Arcóntica: Oposición organizada al control de los Arcontes, manifestada a lo largo de la historia humana a través de diversas tradiciones gnósticas, herméticas y esotéricas que han preservado técnicas para liberarse de la matrix.

Resonancia Sincrónica: Indicador en personas capaces de trascender La Mátrix, donde experimentan sincronicidades estadísticamente improbables como sucesos regulares, no como coincidencias excepcionales sino como manifestaciones normativas de entrelazamiento dimensional.

Retorno al Nuevo Eón: Paradoja donde el fin del ciclo arcóntico significa simultáneamente la recuperación de lo que siempre fuimos (retorno al Pleroma) y el nacimiento de una realidad transformada (surgimiento del Nuevo Eón), proceso circular donde el fin coincide con el principio.

S

Sellos del Discernimiento: Etapas secuenciales de transformación de consciencia que ocurren dentro de cada ser humano durante el colapso de la prisión arcóntica, permitiendo la liberación progresiva de la percepción multidimensional original.

Síndrome de Abstinencia Informacional: Condición psicológica resultante de la desconexión tecnológica masiva, caracterizada por ansiedad aguda, desorientación espaciotemporal y deterioro en capacidades de atención sostenida en personas cuyas estructuras cognitivas se desarrollaron en entornos de conectividad permanente.

Síndrome de Disociación Ontológica: Manifestación del Despertar Terrestre donde los afectados experimentan separación entre su autopercepción y las estructuras de identidad impuestas socialmente, revelando la disolución gradual de identidades artificiales mantenidas por estructuras arcónticas.

Sistema de Cultivo Energético: Mecanismo mediante el cual los Arcontes extraen energía emocional y mental humana, utilizando el miedo, ansiedad, conflicto y desesperación para generar campos energéticos específicos que consumen como alimento vital.

Sobrecarga Atencional Sistemática: Estrategia arcóntica que bombardea incesantemente con estímulos emocionales intensos diseñados para mantener la consciencia en estado de reactividad constante, minimizando la capacidad para introspección sostenida necesaria para liberación perceptual.

T

Temporalidad No-lineal: Acceso a experiencia de tiempo como campo multidimensional navegable donde pasado, presente y futuro existen simultáneamente como potencialidades accesibles, opuesta al axioma demiúrgico de causalidad unidireccional.

Tolerancia Cognitiva Expandida: Desarrollo deliberado de capacidad para sostener paradojas aparentes y ambigüedades sin resolución prematura hacia certezas falsas, contrarrestando la tendencia natural hacia el "cierre cognitivo" o la necesidad psicológica de respuestas definitivas.

V

Videntes: Individuos con capacidad para acceder a información "imposible", funcionando como receptores biológicos de frecuencias informacionales normalmente bloqueadas. Han sido sistemáticamente perseguidos a lo largo de la historia por acceder a datos que amenazan el sistema de control arcóntico.

Vigilantes: En textos antiguos, seres que descendieron a la Tierra y se mezclaron con humanos. En el contexto arcóntico, una categoría específica de entidades encargadas de monitorear la consciencia humana para prevenir despertar colectivo.

Y

Yaldabaoth: Nombre dado al Demiurgo en textos gnósticos, el primer Arconte creado por error cósmico que se proclamó único dios y creó el mundo material como prisión para la consciencia humana. También conocido como Saklas ("el ciego") o Samael ("dios ciego").

Z

Zonas de Anomalía: Lugares geográficos donde múltiples observadores independientes reportan consistentemente experiencias perceptuales que contradicen principios físicos establecidos, caracterizados por fluctuaciones gravitacionales, electromagnéticas y temporales medibles.

Zonas de Anomalía Positiva: Áreas donde las leyes naturales operan con parámetros ampliados, manifestando regeneración ecológica que desafía modelos científicos, coincidencias estadísticamente imposibles, y fenómenos biofísicos anormales como resultado de campos de consciencia coherentes.

Zonas Híbridas: En la fase final de la disolución de La Mátrix, áreas donde leyes físicas de múltiples dimensiones operan simultáneamente, creando entornos donde realidades antes mutuamente exclusivas coexisten en configuraciones simbióticas complejas.

144,000: Número mencionado en el Apocalipsis que representa un código de frecuencia vibratoria específica, no una cantidad literal de personas sino una fórmula matemática exacta que describe el umbral de coherencia necesario para estabilizar completamente el nuevo estado consciencial.

Made in the USA
Monee, IL
03 May 2026

49438427R00118